"十四五"职业教育河南省规划教材

"十三五"职业教育规划教材

职业教育汽车类专业互联网+多媒体融合创新示范教材

汽车文化

QICHE WENHUA

袁荷伟　主　编

崔　源　副主编

刘芝梅　主　审

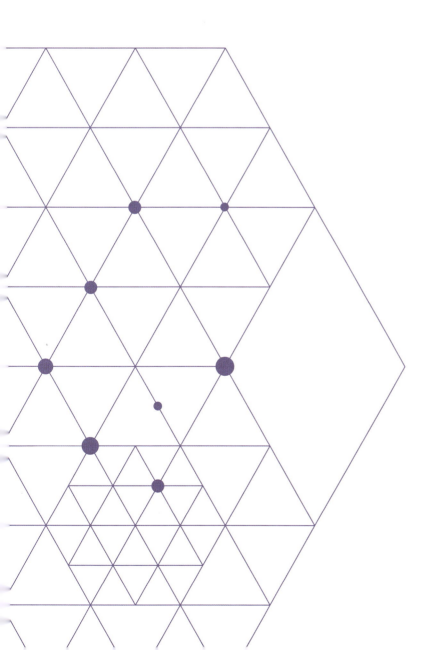

化学工业出版社

·北京·

内容提要

《汽车文化》讲解了汽车的发展史、世界汽车品牌简史、中国汽车品牌简史、汽车外形艺术、汽车观赏、汽车与社会、汽车的未来发展等内容。书中按照项目任务的形式展开，图文对照讲解，将汽车历史、结构、人物、品牌、技术等通过一个个精彩的故事娓娓道来。全彩色印刷，实物图片清晰美观。

本书配套了丰富的课程资源。运用"互联网+"形式，通过二维码嵌入动画、高清微视频、微课；配套多媒体PPT，与纸质教材无缝对接。

本书可作为高职高专院校、应用型本科院校、中等职业学校相关专业的教材，也可作为汽车驾驶与维修技术人员、汽车爱好者的参考用书。

图书在版编目（CIP）数据

汽车文化／袁荷伟主编．—北京：化学工业出版社，2020.10（2024.5重印）

"十三五"职业教育规划教材　职业教育汽车类专业互联网＋多媒体融合创新示范教材

ISBN 978-7-122-37439-4

Ⅰ.①汽… Ⅱ.①袁… Ⅲ.①汽车-文化-职业教育-教材 Ⅳ.①U46-05

中国版本图书馆CIP数据核字（2020）第133232号

责任编辑：韩庆利　　　　　　　　　　　　装帧设计：刘丽华
责任校对：宋　夏

出版发行：化学工业出版社（北京市东城区青年湖南街13号　邮政编码100011）
印　　装：河北京平诚乾印刷有限公司
889mm×1194mm　1/16　印张11¼　字数392千字　2024年5月北京第1版第4次印刷

购书咨询：010-64518888　　　　　　　　　售后服务：010-64518899
网　　址：http://www.cip.com.cn
凡购买本书，如有缺损质量问题，本社销售中心负责调换。

定　价：49.80元　　　　　　　　　　　　　　　　　版权所有　违者必究

为了适应我国高等职业教育教材建设和信息化教学改革的需要，在深入分析汽车维修行业实际需求的基础上，根据高等职业教育培养高技能型、应用型人才的要求和最新的高等职业学校专业教学标准，编写了"职业教育汽车类专业互联网+多媒体融合创新示范教材"。

教材在编写过程中，紧紧围绕课程标准，书中内容以完成工作任务为目标，注重理实一体教学。通过理论知识的介绍和相关视频、动画，了解汽车相关知识和操作技能；通过现场实操，熟悉并掌握汽车必备技能的使用。本系列教材具有以下特点：

1.编写理念先进。以就业为导向，以学生为主体，注重职业核心能力的培养，注重做中学、做中教，教学做合一，理实一体。

2.教学内容科学。按照岗位需求、课程目标选择教学内容，体现"四新"、必须和够用。将国内外新知识、新技术引入教材，以体现内容上的先进性和前瞻性。

3.教材结构合理。按照职业领域工作过程的逻辑确定教学单元；以项目、主题、任务、活动、案例等为载体组织教学单元，体现模块化、系列化。

4.编写队伍强大。编写人员构成合理，行业企业深度参与；编写团队汇聚职教汽车专业名校名师、全国大赛金牌教练、行业知名职教专家。

5.课程资源丰富。以课程开发为理念，运用互联网+形式，通过二维码嵌入高清微视频、微课；开发多媒体PPT、电子教案，与纸质教材无缝对接。

1886年，德国人卡尔·本茨发明了世界上第一辆真正意义上的汽车。此后的一百多年里，伴随着车轮的风驰电掣，人类社会发生了翻天覆地的变化，人们的生活节奏变得越来越快，人与人之间的距离越来越近，世界变得越来越小。回顾历史，汽车工业的发展离不开科技水平的进步，离不开一代又一代汽车工程师的孜孜不倦，每一个车标后面都有一段非同寻常的创新、创业或创造故事。传统汽车的诞生、发展和演变，以及如今迅猛发展的新能源汽车、智能网联汽车甚至飞行汽车无不吸引着人们的极大关注，汽车文化的内容和形式也将会继续延伸和发展。作为当代大学生，了解汽车文化、掌握汽车基本知识已经成为时代的要求。

本书在编写中从学生的学习兴趣入手，重塑汽车文化结构，将汽车历史、结构、人物、品牌、技术等通过一个个精彩的故事娓娓道来，同时配有大量的精美图片，能极大提高学生自主学习的积极性。为便于实施任务教学法，全书共设计了7个项目，21个任务：项目一汽车的发展史；项目二世界汽车品牌简史；项目三中国汽车品牌简史；项目四汽车外形艺术；项目五汽车观赏；项目六汽车与社会；项目七汽车的未来发展。本书可作为高职高专院校、应用型本科院校、中等职业学校相关专业的教材，也可作为汽车驾驶与维修技术人员、汽车爱好者的参考用书。

本书由袁荷伟担任主编，崔源担任副主编，刘芝梅担任主审。项目一由河南交通职业技术学院谢晓娜编写；项目二由河南交通职业技术学院袁荷伟编写；项目三由新乡职业技术学院郜振海编写；项目四由河南工学院侯锁军编写；项目五、六由河南交通职业技术学院崔源编写；项目七由河南交通职业技术学院秦军磊、贾东明编写。

由于编者水平所限，书中难免有不妥之处，恳请广大读者批评指正。

编者

目录

项目一　汽车的发展史

任务一　追溯汽车的诞生 …………………………… 001
任务二　了解汽车百年技术发展的贡献者 ………… 007
项目测评 ……………………………………………… 019

项目二　世界汽车品牌简史

任务一　走近汽车起步的19世纪 …………………… 021
任务二　重温车轮滚滚、人才辈出的那二十年 …… 029
任务三　体验急速前进、动力为王的20世纪20~30
　　　　年代 ………………………………………… 038
任务四　经历战争洗礼、为赛车疯狂的20世纪40~50
　　　　年代 ………………………………………… 045
任务五　纵览跑车辉煌、直线潮流的20世纪60~70
　　　　年代 ………………………………………… 052
任务六　感受奇葩争艳、合纵连横的20世纪80~90
　　　　年代 ………………………………………… 059
任务七　奔向经典复兴、创造未来的21世纪 ……… 065
项目测评 ……………………………………………… 070

项目三　中国汽车品牌简史

任务一　回顾中国汽车发展史 ……………………… 072
任务二　见证民族品牌的崛起 ……………………… 081
项目测评 ……………………………………………… 091

项目四　汽车外形艺术

任务一　欣赏汽车造型百年的演变 ………………… 093
任务二　分析汽车色彩外形设计 …………………… 101

任务三　研究汽车标志设计 ·············· 110
　　项目测评 ·············· 116

项目五　汽车观赏
　　任务一　比较国内外车展 ·············· 118
　　任务二　观赏汽车运动 ·············· 124
　　项目测评 ·············· 137

项目六　汽车与社会
　　任务一　研讨汽车工业对社会发展的影响 ·············· 138
　　任务二　认识世界十大汽车城 ·············· 143
　　项目测评 ·············· 147

项目七　汽车的未来发展
　　任务一　关注汽车公害 ·············· 148
　　任务二　爱上新能源 ·············· 157
　　任务三　畅想车的未来 ·············· 164
　　项目测评 ·············· 169

参考文献 ·············· 171

项目一　汽车的发展史

项目导入

1886年，真正的汽车出现了。它的诞生让人类的视野从此更加开阔，思维更加自由。18km/h，当时的人们将它形容为"令人窒息的速度"时，他们无论如何也无法想象，今天一部超级跑车仅用2.5s就能从静止达到100km/h的速度，汽车发展的速度是如此迅猛。要了解汽车文化，首先就让我们一起来浏览一下汽车的历史吧！

任务一　追溯汽车的诞生

知识目标：
1. 了解汽车诞生之前的车辆发展。
2. 掌握汽车诞生的相关知识。
3. 掌握蒸汽机汽车与内燃机汽车的联系与区别。

能力目标：
1. 能熟知汽车的发展过程。
2. 能对各个时代诞生的汽车进行分析。

思政目标：
1. 培养学生的爱国情怀和民族自豪感。
2. 培养学生团队协作、勇于探索的职业素养。
3. 培养学生坚持不懈、刻苦钻研的精神。

建议参考学时：2学时。

第一位牵走马匹而将发动机装在马车上的先驱者，绝对不会想到从那时起在不到一百年的时间，奔跑了数千载的马车就无奈地从道路上逐渐消失了，取而代之的就是——汽车。通过查阅资料了解汽车的前世今生，能够介绍汽车的诞生史。

汽车文化

笔记

环节	对应项目	具体程序
1	准备工作	场地准备：5人一组，对应数量的课桌椅、多媒体设备，必要文具 资料准备：教材、笔记本、记里鼓车等典型图片、搜集的资料
2	前提条件	（1）每组设一名组长，由组长负责组织 （2）了解汽车诞生之前的车辆发展
3	操作过程	（1）每一组派一个代表介绍本组搜集的资料 （2）概述汽车诞生的小故事。如：卡尔·本茨与他的第一辆汽车
4	后续工作	各小组互相交流、评价

人类经历了漫长的靠双足跋涉的时代后，发明了车轮，车轮改变了人类在陆地上的运动方式，使人类步入两轮和四轮马车的黄金时代。它是人类历史上使用时间最长和最有影响力的陆地交通运输工具。然而人类永远不会满足现状，坐在马车上的人们期望着比马更具有耐力和比马跑得更快的移动工具，于是机器动力被发明了。蒸汽机和内燃机的发明为汽车的发明开辟了道路。

一、车的起源

车，就是用轮子在地面上行驶的交通工具。关于车的发展过程有两种说法：一种说法认为先有橇，后来在下面放滚子，滚子发展成为车轮（图1-1）；另一种说法认为，古时人们崇拜太阳而使用圆盘，这种圆盘发展成了车轮。

图1-1 滚子发展说

公元前1600年，比较著名的是四匹马并排拉的战车、赛车和凯旋车辆，罗马人称其为"夸德里伽"（Quadriga，图1-2）。

二、马车盛世

战车随着时间推移渐渐失去了意义，公元前3世纪后几乎没有战车投入战斗了，因此车辆研制转向了道路旅行和交通运输。

中世纪（约476—1453）后，欧洲改用C形钢板弹簧悬置车厢和较大的后轮（图1-3），提高了四轮车的舒适性，马车开始向豪华型发展。

1792年开始使用的黄金马车（Gold Coach），英国国王都是坐着这种马车去参加加冕仪式（图1-4）。

图1-2 四匹马并排拉的"夸德里伽"　　图1-3 单排座马车由C形钢板弹簧减震　　图1-4 英国黄金马车

将马车轨道嵌入路面的是法国南特人埃米尔·卢巴。1662年法国巴黎的街头上首次出现了轨道马车（图1-5）。

1832年，美国纽约市在曼哈顿街道上铺设轨道，开始运行有轨公共马车（图1-6）。

图1-5　巴黎街头首次出现的轨道马车

图1-6　纽约市曼哈顿街道上的公共马车

三、中国的贡献

在中国历代车辆发展过程中，有重要技术价值的还要数指南车和记里鼓车。

汉代杰出的科学家张衡（78—139）发明了举世闻名的记里鼓车（图1-7），在行驶中自动击鼓，以显示行驶里程，它是中国最先发明的记录里程的仪器。此车有两层，上有木人，每行一里，下层击鼓；行十里，则上层击镯。

三国时有一位技术高明的技师，名叫马钧，今陕西省扶风县人，曾因改进织布机而闻名天下。马钧因与同僚打赌，要制造指南车，没多久果然造成。指南车（图1-8）是一种双轮独辕车，车上立一个木人伸臂南指，只要一开始行车，不论车子行驶的方向怎样变换，车上小木人的手臂始终指向南方。

三国时期，诸葛亮六出祁山时发明了一种名为"木牛流马"的交通工具（图1-9）。至于"作一木牛，连仰双环，人行六尺，车行车步"的"木牛流马"究竟属何形态，利用何种原理，仍是一个千古之谜。

图1-7　记里鼓车

图1-8　指南车

图1-9　木牛流马

四、发条自行车

1500年，达·芬奇，不朽名画《蒙娜丽莎》的作者，设计了一种用发条做动力的车。

1649年，汉斯·赫丘，纽伦堡最出名的钟表匠，看到达·芬奇留下的图纸后，他行动起来。半年后的某一天，他因成功试制一辆依靠发条驱动的四轮车而成为一位名垂青史的先行者。该车（图1-10）行驶速度1.6 km/h，每前进230 m要人工上一次发条。

图1-10　发条车

五、风力帆车

1604年，荷兰数学家、工程师西蒙·斯蒂芬（Simon Stevin，1548—1620）把木轮装到船上，制造出双桅风力帆车（图1-11），凭借风力驱动帆车行进，这种帆车被称为汽车的雏形。这种车能以24 km/h的速度沿荷兰的海岸线奔驰。

风力车的致命弱点在于风时有时无，时大时小，况且风和道路的方向是会变化的，用来驱动车辆难以令人满意，但它却反映了当时人们对"自行驱动"车辆的追求。

图1-11　双桅风力帆车（1604年）

六、汽车始祖

1678年，著名的比利时耶稣会传教士南怀仁（Ferdinand Verbiest，1623—1688，图1-12）在中国京都（今北京）制成了一辆布兰卡（Branc）冲动式蒸汽汽车（图1-13）。车长60 cm，有四个车轮和一个导向轮，车身中央安装着一个煤炉，上置盛水的金属曲颈瓶。水被加热到沸腾至汽化，产生一定的压力，蒸汽由弯曲的瓶口高速射出，叶轮在蒸汽的冲击下转动，产生的动力再通过齿轮传递给车轮，驱动车辆前进。车前还装有手动导向轮，控制行走方向。

这辆车在他的《欧洲天文学》（Astronmia Europa）一书中的"气体力学"有过详细的描述。它可称得上是一辆成功的蒸汽车，但它仍是一辆汽车模型而无实用价值。南怀仁的这辆车被《吉尼斯世界纪录大全》认为是汽车始祖，也是记录在案的最早的汽车。

图1-12 比利时耶稣会传教士南怀仁　　图1-13 南怀仁于康熙年间发明的汽车模型

七、蒸汽汽车

1765年，英国人瓦特发明了蒸汽机（图1-14），带领人类进入了"蒸汽机时代"。许多发明家也纷纷把瓦特的发明应用到"自走式车辆"的设计中。

1. 第一辆蒸汽汽车

汽车诞生之前，马车就是人类最好的陆上交通工具。1769年法国人居纽（1725—1804）花了6年时间将蒸汽机装在板车上，成功地制造出第一辆蒸汽板车，这是世界上第一辆利用自身动力行驶的蒸汽汽车（图1-15）。

图1-14 瓦特发明的蒸汽机　　图1-15 世界上第一辆利用机器为动力的车辆

这辆式样很奇特的汽车，车身用硬木制成框架，长7.3 m，高2.2 m，前轮直径1.28 m，后轮直径1.5 m。配有直径1.34 m的梨形锅炉（189.27 L）和两个41.64 L的汽缸。锅炉由蒸汽推动里面的活塞上下运动，通过连杆传给前轮，使车轮转动。单个前轮兼作驱动和转向。最高车速4 km/h，每走15 min后，锅炉的压力就损耗尽了，只得停下来再加上水烧开成蒸汽，加热15 min后再继续慢慢行走。

这辆车是为拖吊法国火炮而制造的，由于方向杆操纵困难，试车中不断发生事故。一次在般圣奴兵工厂附近下坡时，因转弯不及时而撞到了兵工厂的墙上，值得纪念的世界第一辆蒸汽汽车，被撞得七零八落，面目全非。

1771年居纽改进了蒸汽汽车，时速可达9.5 km，可牵引4～5 t的货物。该车轮珍藏在巴黎国家艺术及机械陈列馆。

2. 第一辆正式运营的蒸汽公共汽车

1803年法国工程师特利维柯（1771—1833）采用新型高压蒸汽机，可乘坐8人，在行驶中平均时速13 km，从此，用蒸汽机驱动的汽车开始在实际中应用。1827年英国嘉内公爵（1793—1873）制造的蒸汽汽车（图1-16），成为世界上第一辆正式运营的蒸汽公共汽车，可载客18人，其中6位在车内，12位在车外，平均时速19 km。

图1-16 第一辆正式运营的蒸汽公共汽车

八、最早的汽车安全法规

1861年，英国政府通过了一项重型蒸汽车辆法律（Locomotives on Highways Act），规定任何车辆的时速在乡村不得超过 16 km，在城镇不得超过 8 km。1865年，英国议会针对蒸汽汽车制定出世界上最早的机动与交通安全法规"机动车道路法案"（Locomotive Act，又称 Red Flag Act）——《红旗条例》，这种速度限制缩小到乡村时速不超过 6.4 km，城镇不超过 3.2 km；并且一辆车须有三个人来完成驾驶，其中一名手执红旗的乘务员（图1-17），必须走在车前约 55 m 处为机动车开道，警告行人注意安全，并负责限制车速；严禁驾驶人鸣笛放汽，以免惊吓马匹；狭路相逢时，要为马车让路。这样，蒸汽汽车驮着锅炉和水箱组成的丑陋躯体，吭吭哧哧地"背着黑锅跳舞"。谁要是违反了上述规定，警察马上就会干涉。

图1-17 《红旗条例》规定手执红旗的乘务员要走在汽车前面

《红旗条例》给英国相关工业带来了毁灭性的打击，英国的蒸汽汽车和其他机动车的研发从此销声匿迹，在汽车发展史上结束了英国的先行时代。

1896年11月，《红旗条例》终于被废止，英国出台了《解放法》（The Emancipation Act），将汽车的法定时速提高到 19.3 km，并且取消了手持小红旗在车前奔跑的滑稽角色。为了庆祝汽车界的这一胜利，1896年11月14日，"英国汽车先驱"亨利·劳森（Henry John Lawson，1852—1925）和弗雷德里克·西姆斯专门举办了由伦敦到布莱顿的汽车比赛——"解放日行驶"（Emancipation Day Run，图1-18），33名车手从海德公园出发前烧毁了一面象征"恶法"的小红旗。现在每年11月份仍然举行从伦敦到布莱顿的老爷车比赛，以纪念这一事件。

图1-18 "解放日行驶"活动场景

九、内燃机的产生

由于蒸汽汽车本身又笨又重，蒸汽机工作效率也非常低（只能将 6%～8% 的能量转化为动能），乘坐蒸汽汽车又热又脏。为了改进发动机，艾提力·雷诺（Etience Lenor）在1800年制造了一种与燃料在外部燃烧的蒸汽机（即外燃机）所不同的发动机，让燃料在发动机内部燃烧，人们后来称这类发动机为内燃机。

1801年法国人勒本提出煤气机原理。

1838年英国发明家亨纳特发明了世界第一台内燃机点火装置，该项发明被世人称之为"世界汽车发展史上的一场革命"。

1862年法国电器工程师莱诺研制出二冲程内燃机。

1867年德国工程师奥托（1832—1891）研制成功世界上第一台往复活塞式四冲程煤气发动机（图1-19）。1876年奥托（Otto）又发明了对进入汽缸的空气和汽油混合物先进行压缩，然后点火的汽油发动机，提高了发动机效率。这种发动机具有进气、压缩、做功、排气四个行程，为了纪念奥托的发明，人们把这种循环改称为"奥托"循环。

图1-19 第一台四冲程煤气发动机

十、现代汽车的诞生

1879年德国工程师卡尔·本茨（Kart Benz），首次试验成功一台二冲程试验性发动机。1883年10月，他创立了"奔驰公司和莱茵煤气发动机厂"，1885年他在曼海姆制成了第一辆奔驰专利机动车（图1-20），该车为三轮汽车，采用一台二冲程单缸 0.66 kW 的汽油机，此车具备了现代汽车的一些基本特点，如火花点火、水冷循环、钢管车架、钢板弹簧悬架、后轮驱动前轮转向和制动手把等。

1886年1月29日卡尔·本茨成功为他所研制的 0.66 kW 的三轮汽车取得了第 37435 号帝国专利证书（图1-21）。这辆车的诞生不仅标志着"马车时代"的终结和"汽车时代"的开始，也开创了个人交通运输的新纪元。1886年1月29日也被公认为汽车的诞生日。卡尔·本茨成为公认的"汽车之父"。

图1-20 公认的第一辆三轮汽车

第二年第一次把三轮汽车卖给了一个法国巴黎人,由于这种三轮汽车设计可靠,选材和制造精细,受到了好评,销路日广。

德国另一位工程师戈特利布·戴姆勒(Gottlieb Daimler,1834—1900)在迈巴赫的协助下,又于1886年在巴特坎施塔特制成了世界上第一辆"无马之车"。该车是在买来的一辆四轮"美国马车"上安装了他们制造的功率为0.81 kW、转速为650 r/min的发动机后,该车以18 km/h的当时所谓"令人窒息"的速度从斯图加特驶向康斯塔特,世界上第一辆汽油发动机驱动的四轮汽车(图1-22),就此诞生了。

卡尔·本茨和戈特利布·戴姆勒被公认为以内燃机为动力的现代汽车的发明者。然而,汽车的发明不是偶然的,更不是一人之功,汽车发明和发展是集体智慧和劳动的结晶。

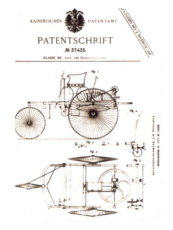

图1-21 卡尔·本茨的专利证书

图1-22 世界上第一辆汽油发动机四轮汽车

十一、汽车时代的标志:福特T型汽车

1908年10月1日,福特汽车公司推出了具有划时代意义的T型汽车(1908年8月12日,第一辆福特T型汽车问世;9月27日,福特T型汽车开始批量生产)。T型汽车装有容积为2 888 mL、14.7 kW、转速1 600 r/min的四缸四冲程汽油机,采用两个前进挡、一个倒挡、脚踏换挡的行星齿轮变速器,最高车速65 km/h,可乘坐五人,自重540 kg。

从外表上看,T型汽车(图1-23)简单得连车门都没有,高速奔跑起来车身东摇西晃,但其绝不是粗制滥造的产品。曾有人搜遍了整个兽类王国来和它比,说它"有骡子的韧性,有骆驼的耐性"。坐在驾驶室,不需要多长时间人们就能够熟练地用两脚轮流踩动制动、前进、倒车三块踏板,就像演奏风琴一样,极富人情味。

1913年10月7日,福特汽车公司出现了第一条汽车生产流水线(图1-24)。在汽车工业的发展史上,福特的这种大规模流水装配线带来了工业生产方式的革命性转变。福特汽车公司首创的以这种生产方式和管理方式为核心的福特制,为后来汽车工业的发展提供了楷模,掀起了世界范围内具有历史进步性的"大批量生产"的产业革命。

从T型系列汽车开始,人类才算真正跨进了汽车时代,汽车才开始真正进入家庭。因此,福特汽车公司被誉为汽车现代化的先驱,福特也被称之为"汽车大王"。

图1-23 1908年的福特T型汽车

图1-24 福特的第一条汽车生产流水线

项目一　汽车的发展史

任务二　了解汽车百年技术发展的贡献者

笔　记

知识目标：
1. 了解轮胎、发动机、底盘、电气设备的发展史。
2. 懂得汽车技术发展资料的查询方法。

能力目标：
1. 能熟知轮胎、发动机、底盘、电气设备技术发展的贡献者。
2. 能熟知不同汽车的轮胎、发动机、底盘、电气设备的所在位置。

思政目标：
1. 树立学生对大国工匠精神的认识。——树立学生热爱专业、崇尚技能的信念。
2. 培养学生的团队精神。
3. 融汇讲解整体与部分的哲学关系。——理解整体与部分的哲学关系。

建议参考学时：2学时。

汽车的诞生是科学发展的产物，是无数发明家永无止境的热情和动力的产物，是各项技术成熟后的产物。而汽车的发展又推动着这些技术以更迅猛的速度前进。通过对这些核心技术的了解，归纳出汽车技术发展史的脉络。

环节	对应项目	具体程序
1	准备工作	场地准备：5人一组，对应数量的课桌椅、多媒体设备、实物或模型、必要文具 资料准备：教材、笔记本、搜集的资料、挂图
2	前提条件	（1）每组设一名组长，由组长负责组织 （2）各组学生分别查找轮胎、发动机、底盘、电气设备相关资料并汇总
3	操作过程	（1）每一组派一个代表介绍本组搜集的资料 （2）了解轮胎、发动机、底盘、电气设备等
4	后续工作	各小组互相交流、评价

一、轮胎的发展史

早期的汽车使用木质或铁制的车轮，汽车的悬架结构也不完善，再加上路面行驶条件不好，尽管汽车行驶速度不高，但还是颠簸得厉害。

橡胶轮胎的出现是汽车进一步发展的先决条件。
1493—1495年，哥伦布（图1-25）发现橡胶。
1839年，查尔斯·固特异（美国，图1-26）发明橡胶的硫化法。

图1-25　哥伦布　　图1-26　查尔斯·固特异

固特异的橡胶轮胎

007

1888年，英国一位兽医约翰·邓禄普（图1-27），发明了自行车用充气轮胎，并建立了世界上第一家轮胎制造厂——邓禄普公司，开始生产橡胶轮胎。

1904年，克莱斯勒采用了可拆式轮圈，以便于驾驶员在行车途中快速换胎。

1908年，固特异公司发明了能在轮胎上刻出花纹的机器，制造出防滑轮胎；同年，米其林公司研制出了双式车轮，有效地解决了重型汽车的轮胎负荷问题，极大地改善了轮胎行驶方向的稳定性。

1947年，B.F.GOOD RICH公司（美）发明了汽车无内胎轮胎。

1948年，法国米其林公司（图1-28）开发子午线轮胎。

1971年，皮列里公司开发VR轿车胎。

1979年，费尔斯通公司开发微型备用胎。

1983年，法国米其林公司开发飞机子午线轮胎。

1994年，普利司通波形带束层研制成功并应用于超低断面轮胎的生产——新结构抑制了带束层中产生的应变，提高了耐久性。

图1-27 约翰·邓禄普　　图1-28 米其林"宝宝"

二、发动机的发展史

发动机的创制和发展是劳动实践活动的成果。发动机的发明是在使用蒸汽机的基础上，仿照蒸汽机的结构，在汽缸中燃烧照明煤气作为开端的。人们首先成功地创制了煤气机，在煤气机的基础上创新地改进为汽油机，再创制为柴油机。

1. 煤气发动机

1673年，法国巴黎学士院院士克里斯蒂安·惠更斯（Chrstian Huygens，1629—1695）首先提出了真空活塞式火药发动机的方案（图1-29）。他的创造是来自解决凡尔赛宫用水的构想，是现代发动机的萌芽。

惠更斯的学生兼助手、一位法国医生丹尼斯·巴本（Denis Papin，1647—1712），在不断试验火药机失败以后，于1707年设计了相同真空原理的用水蒸气做工质的活塞式发动机（图1-30）。巴本被人们认为是最早提出内燃机设想的人。

1801年，法国化学家菲利普·勒本（Philippe Lebon，1767—1804）最早使煤气和空气的混合气体经压缩后点火爆燃，提出利用由此产生的膨胀力作为动力源，并取得了基于这一原理的发动机的专利权。勒本被称为"煤气机之父"。

1838年，英国的巴尼特（William Barnett）发明压缩式发动机，并设计出在汽缸中点火的新方法。这种用两个安装在汽缸外面的燃烧器来点火、设计极为巧妙的装置，一直沿用了50年。

1860年1月24日，法国籍比利时出生的技师勒诺瓦赫（Etienne Lenoir，1822—1900），为他1859年制成的以照明煤气为燃料的二冲程发动机（图1-31）成功申请了法国第43624号专利，他还发明了火花塞。然而，由于他的发动机压缩比为零，所以它能否正式算为现代发动机，人们还有争论。

图1-29 惠更斯设想的火药内燃机

图1-30 巴本用水蒸气做工质的活塞式发动机

图1-31 勒诺瓦赫取得专利的二冲程煤气发动机

2. 奥托循环发动机

1867年巴黎世博会上，一位评委慧眼识珠，发现了奥托（图1-32）的直立式煤气发动机（图1-33），具有惊人的热效率（提高到10%以上），奥托发动机最终获得了世博会金奖。

1877年8月4日，奥托取得了四冲程发动机专利——德意志帝国专利第532号。然而1886年1月30日，奥托在起诉一个仿造者时，德国法院经审判后，却作出了一项惊人的宣布：取消奥托获得的四冲程发动机的专利。"奥托循环"从此成了全社会的公共财富，一个新兴的发动机工业开始了无障碍的腾飞。

3. 汽油发动机

由于煤气的热值低，因而煤气机发出的动力不够大，人们在寻找着能产生更大热能的燃烧物机器——燃烧石油产品的发动机。

图 1-32　尼古拉斯·奥托　　图 1-33　奥托四冲程发动机

较早制出液体燃料发动机的有两人：1868年，法国的拉维尔（P.Leval）获得了煤油发动机专利；1875年，波士顿的乔治·布雷顿研制了一种预压式发动机，以轻质油作燃料，被认为是第一台实用、安全的液体燃料发动机。

在汽车发展史上，被公认为对汽油机作出巨大贡献的是德国工程师戈特利布·戴姆勒（Gottlieb Daimler）和威廉·迈巴赫（Wilhelm Maybach）。

1882年，戴姆勒和他毕生事业合作者迈巴赫一道另行设立了汽车发动机工厂（图1-34），潜心研制发动机。根据奥托发动机的模型，戴姆勒于1883年8月15日制成了今天汽车用发动机的原型——高压炽热管点火卧式汽油机（图1-35）。该机缸径72 mm，活塞行程120 mm。同年12月16日获得了德意志帝国第28022号专利——汽油发动机的专利。

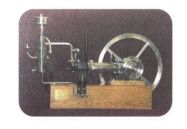

图 1-34　戴姆勒第一个工场车间——"温室"　　图 1-35　戴姆勒高压炽热管点火卧式汽油机

1884年5月，戴姆勒把卧式汽油机改制成体积尽可能小的立式汽油机，并于1885年4月3日取得了立式汽油机的专利。该立式汽油机酷似落地大摆钟，故取名"立钟"（Grandfather Clock，图1-36）。这是第一台小而轻的发动机，人们终于找到了适合于道路车辆的动力源。

1889年6月9日，戴姆勒的V形双缸发动机（图1-37）申请了专利，次年2月获得了德国专利，专利号为50839。这是世界上第一台V形发动机，夹角17°，转速为600 r/min，功率达1.1 kW。

由于种种原因，专利权的所有者大都是戴姆勒，而不是迈巴赫。严格说来，迈巴赫也应是汽车发明人之一。迈巴赫还发明了世界上第一台四挡机械式变速器、蜂巢式冷却器和喷雾式化油器。由于他对汽车业贡献巨大，以致后人给他以"汽车设计师之父"的称号。

图 1-36　戴姆勒立式汽油机"立钟"　　图 1-37　戴姆勒V形双缸发动机

4. 柴油发动机：不用点火的发动机

近年来，柴油机在汽车上特别是载货汽车上得到了较多的采用。柴油机是在汽油机的基础上创制而成的。

1885年，英国的威廉·普雷斯特曼（William Dent Priestman，1847—1936）研制成功煤油机（Priestman Oil Engine，又叫重油机，图1-38）。这种发动机的原理是，首先将煤油像雾气那样喷出与空气混合，将此混合气吹入汽缸，经压缩后点火燃烧。然而，这种发动机工作情况不太好，

图 1-38　普雷斯特曼研制成功的重油机

因此名气不大，逐渐被人们遗忘了。

1890年，英国的赫波特·斯图尔特（Herbert Akroyd Stuart，1864—1927）取得了不用点火装置的压缩点火式发动机（即后来的柴油机）的专利权。

在柴油机发展史上，最重要的人物是德国工程师鲁道夫·狄塞尔（Rudolf Diesel，1858—1913）。

1892年1月28日，狄塞尔向柏林皇家专利局申请了发明专利，并于2月27日取得了柴油机的专利权。

1892年8月10日试制出了试验柴油机，但在试验中，因汽缸内承受的压力太高，汽缸发生破裂，发动机的功率连克服自身的摩擦力也不够。第一台样机试验失败了。

1894年2月17日，狄塞尔将经改进后的柴油机再次试验，仅运行了1 min，但有人称之为"划时代的一分钟"。

1897年，狄塞尔在奥格斯堡机器制造厂终于制成了第三台完全依靠压缩点火燃烧，以柴油为燃料，等压加热，功率为13.25 kW，热效率高达26%（当时汽油机热效率只有15%）的发动机——四冲程柴油机，并誉为"无声发动机"。这是一项震惊世界的卓越发明！这台被称为"世界第一台柴油发动机"，如今陈列在慕尼黑的德国博物馆内（图1-39）。为了纪念发明者，人们就用狄塞尔的名字给柴油机命名，即Diesel。

图1-39 狄塞尔试验成功的第一台柴油机

5. 转子发动机

现代汽车大多使用的是往复活塞式汽油机或柴油机，还有一部分采用的是转子发动机。转子发动机的最大优势是体积小，而输出的动力却较大。

转子发动机的基础，是1588年由意大利的拉迈利发明的旋转活塞式水泵，这是转子发动机的始祖。

纵观转子发动机的历史，许多工程师都在为转子发动机的发展而不断努力，甚至连以改进蒸汽机而闻名于世的瓦特都曾经研究过转子发动机。

在如此之多的工程师中，有一个人我们不得不特别提出，他就是来自德国的工程师菲力·汪克尔（Felix Heinrich Wankel，1902—1988）。

1924年，菲力·汪克尔（图1-40）开始研制转子发动机。1954年2月1日，由汪克尔发明的，以三角转子旋转驱动方式代替传统往复式活塞驱动发动机的新品种发动机成功面世，它就是现代转子发动机的鼻祖汪克尔发动机DKM 54（图1-41）。由于汪克尔解决了气密封系统的技术关键问题，使转子发动机达到实用阶段，所以转子发动机又称之为"汪克尔"发动机。

1959年，汪克尔向全世界公布了实用化的转子发动机技术，并向全世界汽车制造厂发出了共同开发的呼吁。

转子发动机的大量运用却是在日本。1961年7月，日本东洋公司（今马自达）购买了转子发动机专利，成为研制转子发动机的后起之秀。从1964年第一辆装备转子发动机的跑车Cosmo（到1967年5月31日才正式开始生产销售）到现在的搭配转子混合动力发动机的Mazda RX-9 hybrid（图1-42），奠定了马自达在转子发动机汽车界的最高地位。

图1-40 菲力·汪克尔　　图1-41 汪克尔原型机DKM 54　　图1-42 Mazda RX-9 hybrid

6. 汽油机燃油系统

汽油机燃油系统的主要作用是将汽油与空气均匀混合形成可燃气体，供给发动机燃烧做功。其最重要的混合气形成装置是化油器或燃油喷射装置。

世界上第一个化油器，是德国工程师奥托于1861年研制成功的。

德国人杰克佛里德·马尔库斯（S.Marcus）于1875年制成了轮刷型雾化器（图1-43），这是使用在汽油机上最早的化油器。

　　1883年，德国的戈特利布·戴姆勒制成了今天汽车用发动机的原型，并在这种汽车发动机上装置了一个称作浮子式化油器的新部件。戴姆勒所使用的化油器，是他的同事迈巴赫发明的泡化式化油器（图1-44）。

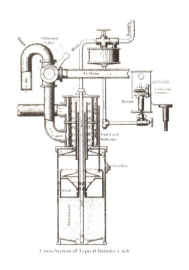
图1-43　马尔库斯轮刷型雾化器原理

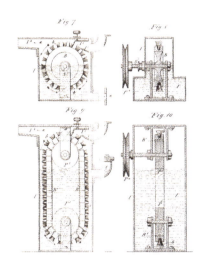
图1-44　迈巴赫泡化式化油器

　　1905年，瑞士人艾佛雷德·波希（Alfred Buchi，1879—1959，图1-45）研制成功第一台汽车废气涡轮增压器，并于当年11月16日取得了德国204630号专利——动力驱动的轴向增压器。增压能增加空气供给，提高功率，降低油耗。波希被公认为涡轮增压技术的创始人。

　　1912年，德国博世（Bosch）公司第一个获得汽油喷射泵的专利。1952年，博世公司在汽车发动机上采用了燃油机械喷射泵系统，最早装在奔驰300SL型赛车上（图1-46）。

　　美国本迪克斯（Bendix）公司可能是世界上第一个生产电子喷射设备的公司，其于1957年将电子喷射系统首次装用在克莱斯勒豪华型轿车上（图1-47）。

图1-45　艾佛雷德·波希

图1-46　奔驰300SL

图1-47　可选装电子喷射系统的克莱斯勒300D

三、底盘发展史

　　发动机积蓄的力量终于得到了自由的释放。车轮的进化，让汽车慢慢成为马路的主宰。但就在汽车即将越来越快的时候，人们不得不开始思考另外一个问题：如何让汽车停下来。

1. 汽车制动系的发展

　　早期的汽车沿用的是马车的停车方式，但这种方法，显然控制不住汽车巨大的惯性。那时的制动器不仅非常容易磨损失控，斜坡停车也极不方便，汽车需要依靠三角垫木才能停稳。驻车性能，已然是汽车战胜马车的又一障碍。

　　人们需要的是一部能走也能停的机器。于是，人类的发明接二连三地应用在汽车上：

　　1889年，戴姆勒汽车将制动鼓装在后轮上，再绕上钢缆，构成了制动装置（图1-48）。

图1-48　戴姆勒汽车上的制动装置

1902年，英国的兰彻斯特取得了盘式制动器的专利权（图1-49）。

1902年，美国的奥兹发明了钢带与制动鼓式制动器。

1903年，美国的廷切尔汽车采用了气压制动器。

1918年，英国的洛克希德发明了液压鼓式制动器；1924年，马克斯维尔汽车公司首次在量产汽车上使用（图1-50）。

1928年，皮尔斯·阿罗汽车（图1-51）第一次装用真空助力制动器。

1958年，英国道路研究所研制出第一个防抱死制动装置，命名为马克斯雷，于1966年首先应用在詹森（Ten Sen）前轮驱动赛车上。

1965年，奥兹莫比尔托罗纳多（图1-52）成了第一辆配备转向稳定控制系统KLR的轿车。

1969年，福特使用了真空助力的ABS制动器，装在了林肯大陆3型汽车上（图1-53）。

1992年ABS的世界年产量已超过1 000万辆份，世界汽车ABS的装用率已超过20%。

1995年，凯迪拉克和奔驰开始使用行驶动态控制（ESP），从而提高汽车行驶的安全性。

人们终于驯服了汽车这部咆哮的机器，可以放心地高速行驶了。

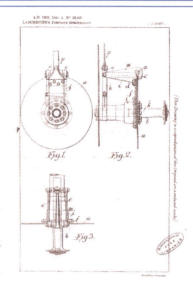

图1-49　兰彻斯特取得专利权的盘式制动器图样

图1-50　首先使用液压制动器的马克斯维尔B-70

图1-51　首次装用真空助力制动器的皮尔斯·阿罗

图1-52　奥兹莫比尔托罗纳多成了第一辆配备KLR的轿车

图1-53　首先装用ABS的林肯大陆

2. 汽车传动系的发展

汽车刚刚问世时，人们大多采用后置发动机、后轮驱动的方式，从发动机到后轮之间分散地采用链轮和齿轮传递动力。

1891年，法国的标志汽车仿照戴姆勒和迈巴赫于1889年制造的"齿轮传动钢轮汽车"（图1-54），采用前置发动机后轮驱动，奠定了后来沿袭多年的汽车传动系的基本结构。

1893年，美国的杜里埃兄弟设计了差速器（图1-55），使汽车转弯时能使两个轮子的转速不同，可以克服轮胎很快磨损的缺点，同时他们还在汽车上首选使用了干式单片离合器。

图1-54　法国的齿轮传动钢轮汽车

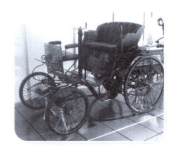

图1-55　杜里埃兄弟生产的配有差速器的汽车

1894年，法国的潘哈德和勒伐索发明了齿轮变速器，他们驾驶装有自己的变速器的汽车（图1-56），时快时慢、时进时退，用事实征服了汽车界。

1902年，皮尔里斯发明了汽车万向节；1908年，美国的富兰克林汽车（图1-57）首先应用了滚柱万向节。

图1-56　潘哈德-勒伐索P&L汽车　　图1-57　富兰克林Franklin D型汽车首先应用了滚柱万向节

1904年，斯图凡德公司生产出了首辆装有配备离心式离合器的三挡可变齿轮"自动变速器"的汽车（图1-58）。

1913年，美国的派克特汽车推广应用了螺旋锥齿轮主减速器后桥；1928年，派克特汽车在后桥上采用了准双曲面齿轮主减速器（图1-59）。

图1-58　首辆装有自动变速器的汽车　　图1-59　准双曲面齿轮主减速器在后桥上的应用

1928年，美国凯迪拉克轿车采用了带同步器的变速器。

1934年，雪铁龙批量生产的7A前驱动汽车，受到人们的欢迎，被称为"强盗车"（图1-60）。

1948年，别克轿车采用了与行星齿轮机构组成一体的液压变矩器，这就是现在液力自动变速器的原型。

1983年，保时捷将专用于赛车的双离合器变速器PDK用于Porsche 956赛车（图1-61）获得了极大的成功。近几年双离合变速器（图1-62）得到了迅速发展。

1886年，德国奔驰公司就将V型橡胶带式CVT安装在该公司生产的汽油机汽车上。1958年，荷兰人范·多尼发明了机械式无级变速器。目前，机械式无级变速装置CVT主要应用在小型汽车上。

图1-60　"强盗车"是首辆批量　　图1-61　装有PDK双离合器　　图1-62　得到迅速发展的
　　生产的前驱车　　　　　　　　变速器的Porsche 956　　　　　双离合变速器

3. 汽车转向系的发展

汽车行驶过程中，需要经常改变行驶方向，即所谓的转向，这就需要由一套能够按照司机意志使汽车转向的机构，它将司机转动方向盘的动作转变为车轮（通常是前轮）的偏转动作。

内燃机汽车发明者卡尔·本茨在他发明的三轮汽车上首次采用了所谓的齿轮齿条式转向器（图1-63），靠一根操纵杆控制，类似舵柄。

1908年，福特T型汽车采用了行星齿轮转向器。

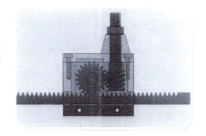

图1-63　齿轮齿条式转向器

笔记

1923 年，美国的马尔斯在涡轮副和滚轮轴之间接触处放置滚球支撑，这便是最早的循环球式转向器（图 1-64）。

1928 年，美国的戴维斯研制并首次应用液压动力辅助转向器，安装在了皮尔斯·阿罗（Pierce-Arrow，图 1-65）汽车上，但遗憾的是经过 26 年后才为汽车工业所采纳。

1966 年，美国凯迪拉克公司推出了一种可变速比的动力转向机构。

1985 年，日本丰田公司在其生产的轿车（图 1-66）上装用了电子计算机控制的速度敏感动力转向装置。现如今动力转向系统已在世界上的各种汽车上得到广泛的应用。

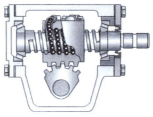

图 1-64　循环球式转向器　　图 1-65　皮尔斯·阿罗　　图 1-66　丰田克雷西达 Cressida 轿车

4. 汽车悬架的发展

自从汽车发明以来，工程师们就一直在研究如何将汽车的悬架系统设计得更好。最初的汽车悬架系统是采用马车的弹性钢板，效果当然不会很好。因此，汽车最早采用的是钢板弹簧非独立悬架。

1580 年，载客四轮马车已使用减震弹簧悬架（图 1-67）。

1805 年，埃利奥特获得椭圆形和半椭圆形弹簧板的专利。

1900 年，美国人哈德福特制成了第一个汽车减震器，并将它装在奥兹莫比尔轿车上。这不仅是第一个汽车缓冲器，而且也是第一个"可调式"减震器（图 1-68）。

1921 年，英国的利兰德汽车公司生产出第一个使用扭杆弹簧悬架的汽车。

1933 年，美国的费尔斯通公司研制成了第一个实用的空气弹簧悬架。同年，门罗公司为赫德森轿车研制了双向筒液压减震器（图 1-69）。直到目前，这种筒式减震器仍没有很大改变。

图 1-67　老式马车采用的叶片弹簧　　图 1-68　哈德福特摩擦减震器在摩托车上曾多年一枝独秀　　图 1-69　最先装用双向筒式液压减震器的赫德森汽车

1934 年，通用汽车公司采用了前螺旋弹簧独立悬架。

1938 年，别克汽车第一次将螺旋弹簧应用到汽车后悬架上（图 1-70）。

1950 年，福特汽车公司的麦弗逊制成了麦弗逊式独立悬架，是轿车上应用较多的悬架形式（图 1-71）。

1956 年，英国利兰车和法国雪铁龙车开始使用液压和液气压悬挂系统，前后轮的悬架用管道相连，液气混合在管中保持压力。此后，这种系统成为各国小型载客车辆的标准装置。

1984 年，林肯大陆轿车采用了可调整的空气悬架系统（图 1-72），从此电控悬架在汽车上开始采用。

图 1-70　后螺旋弹簧悬架　　图 1-71　麦弗逊式悬架　　图 1-72　空气弹簧可变式悬架

四、电气设备的发展史

1. 最早的汽车电源

1859年,法国物理学家普兰特发明了铅酸蓄电池(图1-73),为后来汽车用电开辟了道路。普兰特造出的是第一个放电后能重新充电,从而可以反复使用的蓄电池。

2. 点火系统

点火方式曾采用过火焰点火、热管式点火、磁电机点火、蓄电池点火,以及现在的电子点火。

最早获得热管式点火专利的是英国人瓦森(Watson),戴姆勒和迈巴赫采用了瓦森的技术(图1-74),于1883年制成了高压点火卧式汽油机。

图1-73 普兰特发明的铅酸蓄电池

1901年,德国博世公司发明了高压磁电机点火装置,到1902年,博世高压电磁点火系统(图1-75),取得了完全的成功。

美国的查尔斯·凯特林于1908年试制出可靠而完善的曾广泛使用的电池点火装置(图1-76)。

1949年,美国的霍利化油器公司首先取得了在点火系统中使用晶体管的电子点火系统专利。

图1-74 热管式点火装置　　图1-75 博世高压电磁点火机　　图1-76 查尔斯·凯特林的电池点火发动机

3. 发电机与起动机

1831年8月29日,英国物理学家迈克尔·法拉第发现了电磁感应现象,这是历史上独一无二的最伟大的电磁发明。

1834年,美国佛蒙特州亚特兰的一位铁匠托马斯·戴文泡特,用电磁铁和电池制成了第一台试验电动机,是世界最早的、实用化的电动机(图1-77)。1837年2月25日,他取得了专利。

1866年,德国的工业家、发明家维尔纳·冯·西门子领导西门子公司的工程师,制成了自励式励磁直流发电机。

1911年2月17日,查尔斯·凯特林制出了第一个可供实用的以蓄电池作动力的汽车自动起动器,即现在的起动机(图1-78)。

4. 照明灯

目前汽车前照灯灯泡主要有三种,一种是卤素汽车灯泡,另一种是HID(氙气前照灯)汽车灯泡,还有就是LED汽车灯泡。

1898年,美国的哥伦比亚电动汽车首先应用电灯照明,用于前灯和尾灯(图1-79)。

图1-77 戴文泡特电动机　　图1-78 凯特林的起动机　　图1-79 哥伦比亚汽车上的前灯

1971年欧司朗公司研制出H4卤钨灯泡(图1-80),是一种很实用、很理想的光源,应用广泛。

1991年,氙气前照灯由飞利浦公司花费了5年时间研制成功,首先在宝马750i轿车上使用(图1-81)。

2007年5月17日，日本丰田在其发布的混合动力车雷克萨斯LS600h上全球首次配备了发光二极管（LED）前照灯（图1-82）。

图1-80　H4卤钨灯泡

图1-81　宝马车上的氙气大灯

图1-82　雷克萨斯LS600h的LED前照灯

5. 油量表、转向灯、刮水器及防撞雷达

1914年，美国的斯蒂培克公司首先在汽车上使用了安装在仪表板上的油量表。

1916年，美国诺里斯的托马斯发明了汽车转向闪光信号灯（图1-83）。

第一个刮水器（图1-84），是美国亚拉巴马州伯明翰一位名叫玛利安德逊的女士发明的，并于1903年6月18日取得了743801号美国专利。

1964年12月1日，美国印第安纳州的罗伯特·卡恩斯取得了现在广泛使用的间歇式风窗玻璃刮水器的专利。

1953年，美国的乔·拉希德构想出汽车防撞自动制动雷达系统（VRSS）。

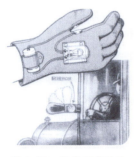
图1-83　托马斯发明的汽车转向闪光信号灯

图1-84　安德逊设计的手动刮水器

图1-85　洛厄尔·麦康纳东工业公司电喇叭

6. 喇叭

1899年，法国首先制定了有关汽车必须装备警笛的法规。

1908年，美国新泽西州的洛厄尔·麦康纳东工业公司取得了生产电喇叭（图1-85）的专利权，并大量装备在各种新出现的汽车上。

1914年，罗伯特·博世发明了一种喇叭，配上一个共振器后，能发出明亮、特殊的声音，这就是博世喇叭（图1-86）。

在喇叭的噪声被说成是"耳朵里的臭气"的今天，世界上越来越多的汽车配备的都是无声喇叭，它能制造超音频的声音，吓走路上的猫、狗、鹿等动物，而不会引起人类一丝厌烦的感觉。

图1-86　早期的博世（Bosch）汽车喇叭

7. 音响

汽车问世最初的30多年里，人们未曾想到要在汽车内安装收音机，驾驶员或乘客想要在旅途中听音乐、新闻或其他信息的话，只能随身带上电池供电的家用收音机（图1-87）。

1922年5月，美国芝加哥的18岁青年乔治·弗罗斯特将收音机装在福特T型汽车后门上，成为最早装有收音机的汽车。

图1-87　随车携带的家用收音机

车用收音机的真正到来是在1929年，当年美国道奇公司生产的DB希尼尔6型车配备了车用收音机，获得车主的好评。但是此时的车用收音机体积庞大——宽610 mm、高203 mm、深406 mm，很难在车厢内完美安装（图1-88）。

1936年，飞歌公司采用了一种可以组装在汽车仪表盘内的体积较小的收音机（图1-89）。

在收音机流行几十年后，盒式收放机又风行一时。

此后的几十年，汽车音响最终走到了现在纯数码（图1-90）的高级阶段。

图1-88　早期的收音机

图1-89　飞歌公司生产的收音机

图1-90　纯数码时代的汽车音响

8. 空调

汽车上最早的取暖装置出现在1897年，当时戴姆勒公司装用了一种从发动机冷却水中吸取热量的热水加热器。

最早的制冷装置出现在1884年，当时汽车制造商威廉·怀特（W.White）将冰块放在汽车底板的托盘里，并且利用装在车桥上的风扇将冷空气吹入车内。

真正的汽车空调直到1902年，美国的"空调之父"开利（图1-91）发明了世界上第一台空调后才开始发展研制。

1939年，美国的派克特汽车（图1-92），首先采用了车内温度空气流通调节装置——空调器，从而开创了汽车车厢内有冷气的崭新时代。

汽车空调发展至今，大部分中高级轿车上采用了自动空调。这种空调可控制车内温度、湿度、通风等，使汽车无论在何种天气，车内始终保持舒适状况。

图1-91　威利斯·开利和他的第一台空调

图1-92　首先批量采用了车内空调的派克特汽车

拓展知识

了解新能源汽车三大核心技术

新能源汽车的三大核心技术分别为：整车控制器（VCU）、电机控制器（MCU）和电池管理系统（BMS），对整车的动力性、经济性、可靠性和安全性等有重要影响。

1. VCU

VCU是实现整车控制决策的核心电子控制单元，具有整车系统故障诊断保护与存储功能。它是通过监测车辆状态，采集油门踏板、挡位、刹车踏板等信号，向动力系统、动力电池系统发送车辆的运行状态控制指令，同时控制车载附件电力系统的工作模式。

VCU（图1-93）包括外壳、硬件电路、底层软件和应用层软件，其中硬件电路、底层软件和应用层软件是VCU的关键核心技术。

图 1-93　VCU

2. MCU

MCU 是新能源汽车的核心功率电子单元，具有电机系统故障诊断保护和存储功能。它可以将动力电池的直流电转换为交流电，也能将车轮的动能转换为电能给动力电池充电，通过接收 VCU 的车辆行驶控制指令，控制电动机输出指定的扭矩和转速，驱动车辆行驶。

MCU 由外壳、冷却系统、功率电子单元、控制电路、底层软件和控制算法软件组成（图 1-94）。

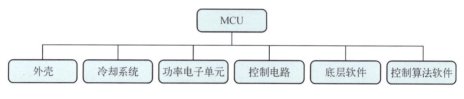

图 1-94　MCU

3. 电池包和 BMS

电池包是新能源汽车核心能量源，为整车提供驱动电能，它主要通过金属材质的壳体包络构成电池包主体。模块化的结构设计实现了电芯的集成，通过热管理设计与仿真优化电池包热管理性能，电器部件及线束实现了控制系统对电池的安全保护及连接路径，通过 BMS 实现了对电芯的管理，以及与整车的通信及信息交换。

电池包（图 1-95）包括电芯、模块、电气系统、热管理系统、箱体和 BMS。其中 BMS 是最关键的零部件，能对动力电池组总电压、总电流、每个测点温度和电池单点电压参数进行实时监控，并进行故障诊断、剩余电量比（SOC）计算、短路保护等。BMS 可以将动力电池相关参数上报 VCU，由 VCU 控制动力电池的充电和放电功率。

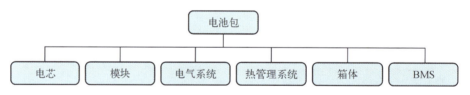

图 1-95　电池包

以别克威朗自动进取型为例（图 1-96），在图中圈出发动机及车轮。

图 1-96　别克威朗自动进取型

项目测评

一、填空题

1. 汽车将燃料燃烧的_____转化为_____。
2. 两位德国人_____、_____被誉为现代汽车之父，_____为公认的现代汽车诞生日。
3. 美国福特公司首次采用_____生产模式大批量生产汽车，提高了生产效率。
4. 燃料电池汽车的燃料是_____和_____。
5. 汽车的四大组成部分包括_____、_____、_____和_____。
6. 四冲程发动机的一个工作循环包括四个活塞冲程，即_____冲程、_____冲程、_____冲程和_____冲程，这个原理被称为_____循环沿用至今。
7. 汽车发动机的点火方式分为_____和_____，其中_____发明的柴油机采用的是_____原理。

二、选择题

1. 发明硫化橡胶技术的是（　　）。
   A. 米其林　　　B. 固特异　　　C. 邓禄普　　　D. 别奈迪克
2. 目前清洁能源汽车中有一种用 LPG 作为燃料，LPG 是指（　　）。
   A. 压缩天然气　　B. 液化石油气　　C. 甲醇气体　　D. 沼气
3. 第一台摩托车的发明者是（　　）。
   A. 卡尔•本茨　　B. 保时捷　　　C. 戴姆勒　　　D. 迈巴赫
4. （　　）的问世将世界置于车轮之上。
   A. 美国奥兹莫比尔　　B. 德国奔驰汽车　　C. 法国标致　　D. 福特 T 型车
5. 目前，电动汽车主要的三种类型中，不包括（　　）。
   A. 蓄电池电动汽车　　　　　　B. 燃料电池电动汽车
   C. 超级电容器电动汽车　　　　D. 混合动力电动汽车
6. 能够在行车过程中防止汽车侧滑的系统是（　　）。
   A. ESP　　　　B. EBD　　　　C. ABS　　　　D. GPS
7. 柴油发动机由进气门进入汽缸的是（　　）。
   A. 新鲜空气　　B. 雾化柴油　　C. 可燃混合气　　D. 汽化柴油
8. （　　）被尊称为"给世界装上轮子的人"。
   A. 杜兰特　　　B. 波尔舍　　　C. 福特　　　　D. 标致
9. 在下列指标中，（　　）可以作为汽车燃料经济性能评价指标。
   A. 每小时耗油量　　　　　　B. 有效热效率
   C. 百公里耗油量　　　　　　D. 有效燃料消耗率
10. 燃料电池的能量转化效率约为（　　）。
    A. 30%～50%　B. 40%～60%　C. 50%～70%　D. 60%～80%

三、判断题

（　　）1. 汽车底盘由传动系、行驶系、转向系和制动系四部分组成。

（　　）2. 汽车耗油量最少的行驶速度是高速。

（　　）3. 汽车诞生于德国、成长于法国、成熟于美国、兴旺于欧洲、超越于日本。

（　　）4. 世界上第一台蒸汽机汽车是英国人瓦特发明的。

（　　）5. 与同等排量的汽油车相比，柴油轿车能够节油60%以上。

（　　）6. 除了内燃机汽车，21世纪占据重要地位的汽车将是电动汽车。

（　　）7. 汽油机排气污染主要成分是CO，HC和NO_x。

（　　）8. 四冲程汽油发动机完成一个工作循环，这期间活塞在上下止点之间往复移动了四个行程，相应地曲轴旋转了一周。

（　　）9. 安德烈·雪铁龙研发了前置后驱结构。

（　　）10. V形发动机可以为驾驶舱留出更大空间，并且可以提高发动机排量和功率。

四、简答题

1. 在汽车的百年历史里，其技术经历了哪几个重要的里程碑？

2. 汽车给人们生活提供方便之余，也给人类造成各种困扰，试列举出汽车给人类生活带来的危害。

3. 汽车文化包含哪两方面的含义？

项目二　世界汽车品牌简史

项目导入

汽车生产线全球化

现如今汽车的生产早已开始了全球化，但现代汽车都是由经典汽车演化而来的。昔日的汽车业要比现在更热闹有趣，不仅汽车制造商远比现在多，而且特立独行的奇葩汽车也多，名留青史的汽车天才更多，现在名牌汽车名称几乎都是这些传奇人物的姓。另外，由于早期汽车笨重而庞大且安全技术有限，20世纪的赛车场也比现在的场面更惊险、更刺激。学习本项目就像是在欣赏汽车历史戏剧，让我们在欣赏中开阔眼界、增长知识。

本项目中汽车品牌介绍以其诞生时间为序。

任务一　走近汽车起步的19世纪

知识目标：
1. 了解1900年以前的汽车品牌。
2. 了解1900年以前汽车发展简史。

汽车文化

笔 记

能力目标：
1. 能够利用网络资源搜集 1900 年之前汽车的相关信息。
2. 能够说出 19 世纪诞生的汽车品牌。

思政目标：
1. 培养学生以发展的眼光看问题。掌握以发展的眼光看问题的方法论。
2. 引导学生使用信息化等新技术处理问题。树立使用信息化等新技术解决问题的意识。
3. 树立学生的品牌意识。

建议参考学时：1 学时。

具有自有动力的个人交通的概念始于 1885 年卡尔·本茨的奔驰一号（Motorwagen）。在那个年代里，它可以把人带到任何想去的地方。可惜的是刚诞生的汽油机汽车在与马车、蒸汽汽车的竞争中并不占优势。这是为什么呢？开始本任务的学习之旅吧。

环节	对应项目	具体程序
1	准备工作	场地准备：相应数量的课桌椅，多媒体设备等 资料准备：教材、搜集的相关资料
2	前提条件	（1）每组设一名组长，由组长负责组织 （2）了解 1900 年以前的汽车品牌
3	操作过程	（1）每组派代表介绍 1900 年以前汽车发展简史 （2）每组派代表介绍自己喜欢的汽车品牌的发展史
4	后续工作	各小组互相交流、评价

1810 年

标志——世纪经典
最早致力于赛车制造和汽车运动的厂家；集卓越、魅力和情感于一身，行驶在世界的每个角落。

1862 年

欧宝——灵活的精灵
多样性和内在的灵活性；
驾驶的动感性；
富有现代美感；
与众不同的设计。

1895 年

斯柯达——深厚的底蕴
用独特的"人性化关怀"的服务理念，为用户带来亲人的关切，并让他们体验多样化的生活。

1899 年

雷诺——无限热爱与激情
悦心设计：一直引领潮流；
暖心科技：关怀人性和日常所需；
安全畅行：保证安全是第一要务。

菲亚特——畅快驾驶的体验
以制造物美价廉的交通工具为经营理念；保持汽车体积小、自重轻、质量好、经济实惠、安全可靠的特色。

 **大事记**

1900 年以前汽车大事记

- **1810**：标致公司家族企业成立。
- **1862**：阿德姆·奥贝尔创建欧宝公司，公司最初生产缝纫机、自行车。
- **1886**：世界上第一辆蒸汽汽车出现。
- **1889**：
  - 雷诺家的三兄弟在布洛涅-比扬古正式成立雷诺兄弟公司。
  - 菲亚特汽车公司（FIAT）成立。
  - 菲亚特制造的第一辆汽车——Fiat 4HP 问世。
  - 欧宝的第一款新车"System Lutzman"问世，这是世界上最早的汽车之一。
- **1895**：
  - 斯柯达（SKODA）品牌创立，原为捷克的一家自行车厂。
  - 在"巴黎-波尔多-巴黎"汽车比赛中，爱德华·米其林在标致的 eclair 车型上第一次试验可拆卸的充气橡胶轮胎，并最终获胜。
- **1898**：全球第一台直接驱动3挡变速器。当时最顶尖的驱动技术，堪称现代轿车传动系统的雏形。

 **知识链接**

一、菲亚特

1. 品牌介绍

菲亚特汽车公司（FIAT），意大利著名汽车制造公司，世界十大汽车公司之一，成立于 1899 年，总部位于意大利工业中心，皮埃蒙特大区首府都灵。菲亚特是世界上第一个微型汽车生产厂家，其前身是意大利都灵汽车制造厂，菲亚特轿车以小型或微型轿车生产为主，其以消费者制造价廉物美的交通工具为经营理念，始终不放弃小型汽车的优势，保持汽车体积小、自重轻、质量好、经济实惠、安全可靠的特色。

菲亚特公司拥有阿尔法·罗密欧（Alfa Romeo）、克莱斯勒（Chrysler）、道奇（Dodge）、菲亚特（FIAT）、吉普（Jeep）、玛莎拉蒂（Maserati）、法拉利（Ferrari）等汽车品牌。

2. 品牌创始人

乔瓦尼·阿涅利（1866—1946，图 2-1），是阿涅利家族财富的奠基人。幼年时期的乔瓦尼曾在摩德纳的一家军事学院学习，随后在军中服役。1893 年他回到了家乡，于 1895 年成为维拉尔·佩罗萨（Villar Perosa）小镇的镇长。1899 年 7 月 11 日，9 名意大利企业家和皮埃蒙特贵族用 8 万里拉共同创建了"意大利都灵无名氏汽车制造厂"，简称菲亚特（FIAT）汽车制造厂。同年，菲亚特的第一辆汽车 4HP 问世，这种外形近似马车的轿车在第一年生产了 8 辆。乔瓦尼作为菲亚特的创始股东之一，一直推崇进步、创新和技术，其本人也具有远见的卓识与出色的才能，因此很快被推选为菲亚特的执行董事。

图 2-1 乔瓦尼·阿涅利

3. 品牌标志

菲亚特公司标志（图2-2）和车标几经变迁，直到2007年，才使用现在的新车标，红宝石背景下突出的"FIAT"4个字母被垂直拉长，并被圆形铬金属框架包围。新车标有三维视觉效果，表现了汽车技术、意大利设计、动感及强烈个性完美融合的理念。

图2-2 菲亚特标志

4. 品牌特色与经典车型

菲亚特轿车的紧凑楔形造型、线条简练、优雅精巧、极富动感、充满活力，处处彰显拉丁民族那热情、浪漫、机敏、灵活的风格。菲亚特还秉持着创新理念，致力于通过科技优化驾驶体验、提高车辆安全性能，以及改善与环境的关系。

1899年，菲亚特制造的第一辆汽车——FIAT 4HP问世（图2-3），它的外部造型近似四轮马车，排量为679 mL，该车型在第一年只生产了8辆。

图2-3 菲亚特4HP

现款菲亚特500是指菲亚特在2007年上市的车型，在此之前有两款菲亚特500历史车型，即菲亚特500 Topolino（1936—1955）和FIAT 500 Nuova（1957—1975）。它拥有丰富的车身色彩可供选择，采用贝壳式车顶、圆形大灯等时尚的外观设计元素。内饰布局例如仪表盘、出风口等也多采用圆形设计元素，彰显时尚气息。

菲亚特500（图2-4）是菲亚特经典车型、全球微型车的奠基者，也是后起之秀Mini和Smart的超越和模仿的对象。

图2-4 菲亚特500

二、雷诺

1. 品牌介绍

1899年2月，雷诺家的三兄弟（图2-5），路易·雷诺（Louis Renault）、马塞尔·雷诺（Marcel Renault）和费迪南德·雷诺（Fernand Renault）在布洛涅-比扬古正式成立雷诺兄弟公司。它是世界上最悠久的汽车公司和世界十大汽车公司之一，同时，也是法国第二大汽车公司，主要产品有雷诺牌轿车、公务用车及运动车等。雷诺汽车是出口德国最多的车种之一，它的质量及可靠性也被认为是第一流的。

雷诺主要车型有梅甘娜（Megane）、克丽欧（Clio）、拉古娜（Laguna）、丽人行（Twingo）、太空车（Espace），其中梅甘娜是紧凑车中款式最多的品牌车。

图2-5 雷诺三兄弟

2. 品牌创始人

1898年，年仅21岁的路易·雷诺退伍，回到了巴黎。对机械制造感兴趣，他利用家里的三轮摩托车造出了一台车（图2-6）。路易·雷诺的几位朋友对他造的车提出了质疑，认为它徒有其表，根本不能行驶多远。路易·雷诺非常自信，他打赌自己的这台车可以沿着斜坡驾驶，开上巴黎著名的蒙马特高地，路易·雷诺赢得了这场赌局。随后，雷诺和他的两个哥哥马塞尔·雷诺和费尔南德·雷诺联手创建了雷诺汽车公司。

3. 品牌标志

图 2-6　第一台雷诺 A 型车

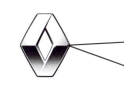

图 2-7　雷诺汽车标志

雷诺汽车车标（图 2-7）由 4 个菱形拼成的图案，象征雷诺三兄弟与汽车工业融为一体，表示"雷诺"能在无限的（四维）空间中竞争、生存、发展，也表示雷诺汽车的刚劲有力、产品精良和不同凡响。

4. 品牌特色与经典车型

1898 年，在巴黎蒙马特高地陡峭的勒比克大街上，第一台雷诺 A 型车开进人们的视线，它也同时开进了汽车工业的强者之林。TYPE-A 并非仅是对现有机械构造的简单改装，而是搭载了雷诺品牌创始人路易·雷诺设计的全球第一台直接驱动 3 挡变速器等当时最顶尖的驱动技术装备，而直接驱动 3 挡变速器与万向轴所组成的两项革命性技术，堪称现代轿车传动系统的雏形。

图 2-8　雷诺 TYPE-A

TYPE-A（图 2-8）搭载的是一台排量为 273 mL 的单缸发动机，最大功率 1.3 kW，车辆的最高车速为 32 km/h。

雷诺 4CV 首次亮相于 1946 年的巴黎车展，1947 年正式量产。在战后重建的年代，雷诺承担起制造国民小车的任务，需要耐用、舒适、平价。4CV 做到了，从上市就销量火爆；1954 年 4 月，第 500 000 辆 4CV 组装出厂；最终销量攀升至创纪录的 1 105 547 辆，是法国第一款销量过百万的车型。

图 2-9　雷诺 4CV

雷诺 4CV（图 2-9）采用后置 4 缸 760 mL 发动机，重量仅为 560 kg，很省油，空间可以轻松容纳四位乘员。为了方便司机上下车，4CV 的车门向后开启。

1956 年雷诺又发布 4CV 的继任车型：Dauphine，中文意思是"皇太子妃"。在 20 世纪 50 年代，雷诺 Dauphine 和 Morris Minor、大众甲壳虫及菲亚特 500 一道，成为欧洲大陆上最受欢迎的经济型轿车。

雷诺 Dauphine（图 2-10）采用后置发动机，845 mL 排量，当时这款车型可以称得上是"摩登时代的象征"，技术方面更是取得超过 150 项专利，涉及悬架、变速箱、发动机等各主要部件。

图 2-10　雷诺 Dauphine

三、欧宝

1. 品牌介绍

1862年，阿德姆·奥贝尔（Adan Opel）在吕塞尔海姆创建了欧宝公司，公司最初生产缝纫机、自行车。1899年，老欧宝的两个儿子弗里茨和威廉研究起了汽车和摩托车制造，并以父亲的名字"亚当·欧宝"命名工厂，使欧宝的名字一直沿用至今。1924年，公司建成德国第一条生产汽车的流水线，使汽车产量猛增，在德国廉价车领域独占鳌头。

2. 品牌创始人

1862年，那时年仅25岁的阿德姆·奥贝尔（图2-11）在德国吕塞尔海姆市创办了一家专门生产缝纫机的工厂（名为"Opel"），并以其精湛的技

图2-11 阿德姆·奥贝尔

术使得公司发展得十分迅速，不久后便扩大了公司规模。在1887年欧宝公司25周年时，欧宝的缝纫机已经遍及整个欧洲以及美国、印度等国家。随后，阿德姆·奥贝尔在巴黎看到自行车，觉得十分有意思，便在公司基本稳定后，开始尝试改造和生产自行车。在短短几年后，欧宝成为世界上最大的自行车生产商。

3. 品牌标志

欧宝商标（图2-12）是由图案和文字两部分组成。图案是代表公司的技术进步和发展，又像闪电一样划破长空，震撼世界，喻示汽车如风驰电掣，同时也炫耀它在空气动力学方面的研究成就。文字"OPEL"是创始人的姓氏。

图2-12 欧宝标志

4. 品牌特色与经典车型

Lutzman牌汽车（图2-13）是一种三座、2.57 kW单缸发动机敞篷车，这是世界上最早的汽车之一。这部车当时售价高达117 000德国马克。

图2-13 欧宝的第一款新车"System Lutzman"

1898年，"Opel"五兄弟中的Heinrich与Friedrich对于欧洲日渐风行的汽车制造产生了浓厚的兴趣，于是成立了汽车部门。1899年，欧宝的第一款新车"System Lutzman"问世，正式宣告了欧宝汽车的诞生。为了纪念父亲，兄弟两人将汽车品牌冠上了"Adam Opel"的名字。

20世纪80年代初，欧宝决定研发一款能够满足欧洲消费者小巧实用、性价比高的需求的车型，Corsa应运而生。

1982年，在西班牙生产的第一代Corsa发布（图2-14），这款车有四种车型以满足消费者的需要。动力方面，拥有多种发动机可供选择，包括33.1 kW的1.0 L发动机、40.5 kW 1.2 L发动机、51.48 kW 1.3 L发动机和55.6 kW 1.4 L发动机，这些发动机全部为化油器发动机。

图2-14 第一代Corsa

四、斯柯达

1. 品牌介绍

斯柯达（SKODA），德国大众汽车公司经典品牌之一，创立于1895年，总部位于捷克姆拉达-博莱斯拉夫，是世界上历史最悠久的四家汽车生产商之一。斯柯达原为捷克的一家自行车厂，1905年，公司转向生产汽车，是捷克唯一的汽车厂，国内4%的劳动力都为其服务。

斯柯达汽车以高性价比、坚实耐用、高安全性、优良的操控性及舒适性兼备而成功地打入了欧洲、亚洲、中东、南美洲、非洲等地区，备受广大消费者的青睐。1991年4月16日，大众集团购买了斯柯达公司70%的股份，斯柯达成为大众集团下的一个子公司。

斯柯达的产品主要有柯迪亚克、柯迪亚克GT、柯米克、柯珞克、速派、明锐、明锐旅行车、昕动、昕锐以及晶锐。

2. 品牌创始人

瓦茨拉夫·克莱门特

瓦茨拉夫·劳林

埃米尔·斯柯达

图 2-15　品牌创始人

1894年，捷克有位名为瓦茨拉夫·克莱门特（Vaclav Klement，1868—1938，图2-15）的26岁年轻人，有一天他的自行车坏了，当地无法修理，只能寄回原产地德国更换零件，同时他用捷克语写了一封请求信。不久后他收到回信："如果你想我们给你答复，那至少要使用我们能理解的语言。"年轻人感到自己的爱国情怀受到了侮辱。1895年，瓦茨拉夫·克莱门特与才华横溢的机械师瓦茨拉夫·劳林（Vaclav Laurin，1865—1930，图2-15）一拍即合，成立了斯柯达汽车的前身——有名的Laurin & Klement公司，简称L&K公司。最初生产自行车，随后是摩托车，自1905年起，开始生产汽车。

斯柯达集团在皮尔森的汽车厂于1919年成立，创始人是埃米尔·斯柯达（Emil Skoda，图2-15），公司最初生产的是军用品。20世纪20年代中期，皮尔森工厂开始生产豪华轿车。品牌和车型的缺乏最终导致斯柯达公司与L&K公司于1925年成功联姻。

"只有最好的产品才适合我们的客户"——这是劳林与克莱门特先生一直坚持的座右铭，也是斯柯达汽车一直秉承的理念。

3. 品牌标志

斯柯达车标巨大的圆环象征着斯柯达为全世界无可挑剔的产品；鸟翼象征着技术进步的产品行销全世界；向右飞行着的箭头，象征着先进的工艺；外环中朱黑的颜色象征斯柯达公司百余年的传统；中央铺着的绿色，表达了斯柯达人对资源再生和环境保护的重视（图2-16）。

图 2-16　斯柯达标志

4. 品牌特色与经典车型

1906年，斯柯达生产的第一辆汽车Voiturette A（图2-17），意思为"小型车"。Voiturette A 运用了当时最先进的汽车制造理念，将散热器安装在发动机的前面，并采用倾斜转向柱；配备了水冷5.15 kW双汽缸发动机，排量为1.005 L，

图 2-17　斯柯达 Voiturette A

图 2-18　第一辆 Superb

最高速度约为40 km/h；采用了三挡变速，还配有一个倒车挡，离合器衬有皮革；重量约为0.5 t。这款车在1906年9月由德国汽车俱乐部举行的秋季赛上获取了金牌。

进入20世纪30年代中期，斯柯达蓬勃发展，经典的Superb系列开启了它的时代。第一辆Superb（图2-18）

027

是1934年开始生产的640，这款车搭载了6缸发动机，功率为40.45 kW。作为斯柯达Superb系列的首款车型，它代表着当时最新的技术、卓越的操控性、出众的舒适性、现代的设计以及超大的空间。从那以后，Superb这个名字就成为斯柯达高品质汽车的代名词。

五、标致

1. 品牌介绍

标致创立于1890年，是法国标致雪铁龙集团旗下著名的汽车和自行车品牌，总部位于法国巴黎，因其注册商标为狮子被称为法国狮子公司。

2. 品牌创始人

1849年3月出生的阿尔芒·标致（图2-19）从小就对机械和经营充满了浓厚的兴趣。

图2-19 阿尔芒·标致

1886年初，世界上第一辆蒸汽汽车的出现，使阿尔芒·标致看到了自己未来的方向——汽车制造业。1889年，在巴黎万国博览会上，阿尔芒·标致带来与著名的蒸汽动力学家莱昂·塞伯莱合作制造的三轮蒸汽汽车，并以自己的名字"标致"命名，引起了不小的轰动。

1896年，这位法国著名的实业家在里尔成立了法国标致汽车公司，之后采用卧式双缸发动机的标致Type-14车型问世。从此之后，这家从家族中独立出来的汽车公司在日后不断壮大，产品日渐丰富，其先进的生产和制造技术也令许多竞争对手惊叹不已。

3. 品牌标志

图2-20 标致汽车标志

标致（PEUGEOT，图2-20）的商标图案是蒙贝利亚尔创建人别儒家族的徽章，喻示标致汽车永远像雄狮那样威武敏捷，永远保持旺盛的生命力。据说别儒的祖先曾到美洲和非洲探险，在那里见到了令人惊奇的动物狮子，为此就用狮子作为本家族的徽章。后来，这尊小狮子又成为蒙贝利亚尔省的省徽。

4. 品牌特色与经典车型

1895年，在"巴黎-波尔多-巴黎"汽车比赛中，爱德华·米其林在标致的"闪电"（éclair，图2-21）车型上第一次试验可拆卸的充气橡胶轮胎，并最终获胜。

1912年，世界上第一辆采用顶置式四凸轮轴、每缸四气门发动机的汽车——标致L76诞生（图2-22）。同年6月，布瓦洛驾驶L76击败了众多竞争对手，赢得"皮佩ACF"大奖赛冠军。凭借这样先进的技术和赛场上的优异表现，标致汽车获得了市场的认可，1911到1913年间，标致产量翻了三番，共生产9 338辆汽车，占当时法国全国汽车产量的50%，市场占有率更是高达惊人的20%。

图2-21 标致的"闪电"

图2-22 标致L76

任务实训

请选择1900年以前的一个汽车品牌，制作一份品牌发展史简图。

任务二　重温车轮滚滚、人才辈出的那二十年

知识目标：
1. 了解20世纪20年代前成立的汽车品牌公司。
2. 了解20世纪20年代前跟汽车相关的一些大事记。
3. 掌握20世纪20年代前知名汽车品牌的创始人、经典车型等相关内容。

能力目标：
1. 能够利用网络资源搜集20世纪20年代前成立的汽车品牌公司的相关信息。
2. 能够说出20世纪20年代前成立的汽车品牌公司、创始人以及经典车型。

思政目标：
1. 培养学生勇于开拓的职业精神。
2. 培养学生精益求精，追求极致的工匠精神。
3. 培养学生的唯物史观。

建议参考学时：1学时。

1908年，亨利·福特将他的丽兹（Tin Lizzie）带给民众，这标志着美国汽车工业的到来。在这一阶段美国和欧洲的汽车制造商数目呈爆发式增长，汽车工程技术英才亦在欧洲和美国纷纷涌现，真正诠释了"汽车发展于美国和欧洲"。你又知道多少个本时期的名人、名企呢？

环节	对应项目	具体程序
1	准备工作	场地准备：相应数量的课桌椅，多媒体设备等 资料准备：教材、搜集的相关资料
2	前提条件	（1）每组设一名组长，由组长负责组织 （2）了解20世纪20年代前成立的汽车品牌公司相关信息
3	操作过程	（1）每组派代表介绍20世纪20年代前成立的汽车品牌公司基本信息 （2）每组派代表介绍自己喜欢的汽车品牌公司以及经典车型
4	后续工作	各小组互相交流、评价

汽车文化

笔记

品牌导图

年份	标志	品牌
1900 年		奔驰（Mercedes-Benz）高端的享受
1902 年		凯迪拉克（Cadillac）古老的传承者
1903 年		悍马（Hummer）越野的先驱者
		福特（Ford）悠久历史的传承
		别克（Buick）不断的攀登者
1906 年		劳斯莱斯（Rolls-Royce）地位的尊崇
		蓝旗亚（LANCI）沉睡的思想者
1909 年		布加迪（Bugatti）无与伦比的美丽
1910 年		阿尔法·罗密欧（Alfa Romeo）贵族气质
		奥迪（Audi）四圆环的荣耀
1911 年		雪佛兰（Chevrolet）亲民的家庭跑车
1913 年		阿斯顿·马丁（Aston Martin）运动跑车
1914 年		道奇（Dodge）性价比高能者
		玛莎拉蒂（Maserati）奢华享受，高端品质
1915 年		雪铁龙（Citroen）耐看的务实者
1917 年		林肯（LINCOLN）高端品位，美国总统专用车
1919 年		宾利（Bentley）尊贵的高品质座驾

大事记

1900—1919 年汽车大事记

- **1900**：美国《星期六晚邮报》登出全球第一份汽车广告。
- **1901**：奥兹莫比尔汽车公司首先给汽车安装车速表。美国帕卡德汽车上出现了第一个手控点火提前装置。
- **1903**：欧洲出现 V 形 8 缸发动机。
- **1904**：美国超过法国跃居世界最大汽车生产国。
- **1911**：蒙特卡洛开始举办汽车拉力赛。
- **1912**：凯迪拉克汽车采用电子启动发动机。
- **1913**：福特工厂安装了汽车流水装配线。
- **1914**：道奇兄弟开始生产全钢车身汽车。英国出现双层客车。美国史蒂倍克公司在汽车上安装油量表。

项目二　世界汽车品牌简史

1907
- 奥克兰汽车公司（庞蒂克汽车公司前身）成立。

1908
- 福特推出 T 型车。

1910
- 费迪南德·保时捷为戴姆勒公司设计的亨利王子赛车获得成功。
- 布加迪推出首辆顶置式凸轮轴发动机。

1915
- 福特 T 型车产量占美国总产量的 70%，售价从 850 美元降至 265 美元。
- 帕卡德推出使用 V12 型发动机的汽车。

1917
- 三菱轿车出厂。

1919
- 世界第一辆配备直列 8 缸发动机的量产轿车由意大利伊索塔·夫拉西尼汽车公司生产。

一、梅赛德斯－奔驰

1. 品牌介绍

梅赛德斯－奔驰（Mercedes-Benz）是世界知名的德国汽车品牌，1926 年 6 月 29 日由戴姆勒公司和奔驰公司合并而成，总部设在斯图加特。梅赛德斯－奔驰以高质量、高性能的汽车产品闻名于世，是汽车文明的先驱者与引领者，被认为是最成功的高档汽车品牌之一。

2. 品牌创始人

戈特利布·戴姆勒（Gottlieb Daimler，1834—1900，图 2-23）：德国工程师和发明家，现代汽车工业的先驱者之一。1872 年，戴姆勒设计出四冲程发动机。1883 年，他与威尔赫姆·迈巴赫合作，研制出使用汽油的发动机，并于 1885 年安装于木制双轮车上，从而发明了摩托车。1886 年，戴姆勒把这种发动机安装在他为妻子 43 岁生日而购买的马车上，创造了第一辆戴姆勒汽车。

卡尔·本茨（Karl Benz，1844—1929，图 2-23）：德国发明家，现代汽车工业的先驱者之一，人称"汽车之父"。本茨于 1879 年发明了第一台单缸煤气发动机，1886 年 1 月 29 日研制成功单缸汽油发动机，发明了第一辆不用马拉的三轮车。1883 年，创立了奔驰公司和莱茵煤气发动机厂。1899 年，奔驰汽车公司改组为奔驰莱茵汽车股份有限公司，成了当时世界上最大的机动车生产厂家。

威廉·迈巴赫（Wilhelm Maybach，1846—1929，图 2-23）：德国工程师和实业家，第一批梅赛德斯汽车的总设计师。威廉·迈巴赫一生最大的传奇在于创造了两个举世闻名的豪华品牌：梅赛德斯与迈巴赫。他是戴姆勒－奔驰公司的三位主要创始人之一，也是世界首辆梅赛德斯－奔驰汽车的发明者之一。

戈特利布·戴姆勒

卡尔·本茨

威廉·迈巴赫

图 2-23　品牌创始人

3. 品牌标志

图 2-24　奔驰标志

戴姆勒公司和奔驰公司合并后产生的标志为单圆中的一颗三叉星（图 2-24），三叉星象征着征服陆、海、空的愿望。

2010 年 9 月 1 日，梅赛德斯－奔驰标志为全新 3D 品牌标志，定义三个角的意义为：魅力（Fascination）、责任（Responsibility）与完美（Perfection）三大核心价值，新的品牌宣言为"The best or nothing"。

4. 品牌特色与经典车型

1886 年 1 月 29 日，德国工程师卡尔·本茨将其研制的汽油机装在一辆三轮车上，成为世界上第一辆三轮汽车，即公认的世界上第一辆三轮汽车，奔驰 1 号。

奔驰 1 号（图 2-25）采用单缸水冷四冲程汽油机，排量为 0.984 L，发动机转速 300 r/min，功率为 0.66 kW，有蓄电池、高压线圈点火、散热器，发动机在后面车架上；车身采用金属管架、辐条式橡胶车轮；前轮靠操纵杆控制方向，首次采用齿轮齿条转向器，后面两个大轮装有世界上最早的差动齿轮装置、变速器和制动器；在车架和车轴之间还首次装有弹簧悬架，使乘坐舒适，最高车速达到了 15 km。

图 2-25　奔驰 1 号

1901 年，由威廉·迈巴赫设计的第一辆梅赛德斯汽车问世，这就是梅赛德斯 35 HP。它是第一辆完全脱离马车设计、拥有今天轿车外形特征的汽车，成为当时其他汽车品牌争相模仿的对象。

梅赛德斯 35HP（图 2-26）装配了一台 5.9 L 排量的直列 4 缸发动机，并用铁皮"包"了起来，最大功率为 26 kW，采用蜂窝式散热器。装有变速杆和加速踏板，采用方向盘来操纵汽车转向，拥有长轴距和低重心的车身。

图 2-26　梅赛德斯 35HP

1934 年 8 月，梅赛德斯-奔驰汽车公司制造了世界上第一辆防弹汽车 770K，770 K 共生产了 17 辆，大部分都毁于二战，仅存 3 辆成为稀世珍品。

防弹汽车 770K（图 2-27）车身用 4 mm 厚的钢板制成，挡风玻璃有 50 mm 厚，轮胎是钢丝网状防弹车胎，后排坐垫靠背装有防弹钢板，地板也被加厚到 4.5 mm，整车重量超过 5 t，配有一台排量为 7 655 mL 的 V8 发动机，可产生 100 kW 的功率。

图 2-27　防弹汽车 770K

奔驰 300SL（图 2-28）可以说是鸥翼车门的鼻祖。SL 是 super light 的缩写，寓意轻型设计。300SL 是戴姆勒-奔驰公司于 1952 年到 1964 年推出的超级跑车，其设计师是第二次世界大战前著名 540K 跑车的设计师佛雷德里希·盖格。

图 2-28　梅赛德斯-奔驰 300SL

Smart 是德国梅赛德斯-奔驰与手表巨头瑞士 Swatch 公司合作的产物。名称中的 S 代表了斯沃奇，M 代表了梅赛德斯-奔驰，art 意为艺术，代表了双方合作的艺术性。

Smart（图 2-29）车长仅 2.5 m，三缸发动机，排量仅 0.6 L。发动机喷油装置专门设计了一个控制阀，以限制车速不能超过 120 km/h。变速器采用无离合器变挡。车内平行的两座前后略有错落，增大车内空间感。方向盘遇压力时会弹性收缩，以减少碰撞时方向盘对人体的冲击。它的后轮比前轮略宽，以增加行驶的稳定性。

图 2-29　Smart

迈巴赫是奔驰旗下的品牌。迈巴赫是曾经在1921年到1940年间活跃于欧洲地区的德国超豪华汽车品牌与制造厂，但是由于市场业绩不佳，迈巴赫系列轿车于2013年全面停产。2014年1月，戴姆勒决定将其复活，但并非作为一个独立的品牌，而是化身为新款奔驰S级轿车（图2-30）的高配版本。

奔驰—迈巴赫S680

奔驰—迈巴赫S450

图2-30　奔驰S级轿车

二、福特

1. 品牌介绍

福特汽车公司是美国最大的工业垄断组织和世界重要跨国企业之一。1908年，福特汽车公司生产出世界上第一辆属于普通百姓的汽车——T型车，1913年，福特开发出世界上第一条流水线（图2-31）。世界汽车工业革命就此开始。

福特汽车公司的主要品牌是福特、林肯（Lincoln）与水星（Mercury）。福特公司的收购策略相当具有侵略性，自1979年开始至今，已先后收购了日本的马自达、英国的阿斯顿·马丁以及瑞典的富豪。

图2-31　福特流水线

2. 品牌创始人

亨利·福特（HenryFord，1863—1947，图2-32），美国汽车工程师与企业家，福特汽车公司的创立者，也是世界上第一位使用流水线大批量生产汽车的人。他从小就对机械感兴趣。12岁建立自己的机械坊，15岁自造内燃机，1896年制造了他的第一辆汽车，并命名为"四轮车"。此后他创立过底特律汽车公司和亨利·福特公司（后被改名为凯迪拉克）。1903年福特与11位其他投资者利用2.8万美元的资金建立了福特汽车公司，并推出A型车（图2-33）。

图2-32　亨利·福特

发动机采用两汽缸，功率约为6 kW。

图2-33　A型车

3. 品牌标志

图2-34　福特品牌标志

福特汽车的标志（图2-34）是采用蓝底白字的英文Ford字样。创建人亨利·福特喜欢小动物，因此把Ford艺术化成形似活泼可爱、充满活力、美观大方的小白兔。犹如在温馨的大自然中，有一只可爱、温顺的小白兔正在向前飞奔，象征福特汽车奔驰在世界各地，令人爱不释手。

4. 品牌特色与经典车型

福特T型车（图2-35）于1908年10月1日步入历史舞台，亨利·福特称之为"万能车"。它成为低价、可靠运输工具的象征，当别的汽车陷于泥泞的道路上时，它却能继续前行。T型车赢得了千千万万美国人的心，人们亲切地称之为"莉齐"。T型车第一年的产量达到10 660辆，打破了汽车业有史以来的所有记录。

福特T型车为后轮驱动、行星齿轮传动、3速；前后轴都横向安装有椭圆弹簧的非独立悬挂系统，车前轴由落锤锻造为一整体；拥有一部前置四汽缸一体发动机，可提供15 kW动力和65 km/h的速度。该发动机有旁侧阀门与三个主要轴承，可靠汽油或酒精提供动力，后来随着汽油价格的下降和燃料使用禁令的出台，遂停止使用。其耗油量大约为7.8～9.4 L/100 km。

图2-35 福特T型车

福特猛禽是指福特F全系共7个级别。分别是F150、F250、F350、F450、F550、F650、F750。最畅销的自然是入门级别的F150，它一直是福特旗下的经典皮卡，也是市面上最常见的皮卡越野车之一。

福特猛禽F-150 SVT Raptor（图2-36），采用高强度钢冲压而成的整体车架，不但提高了车身的耐用性，更对乘客在安全方面有了进一步的保证，同时在安装了Advance Trac与RSC（防翻滚稳定控制系统）的技术的帮助下，拖拽能力首屈一指。

图2-36 福特猛禽F-150

林肯领航员（Navigator）（图2-37）是福特汽车公司生产的一款豪华的全尺寸SUV，创立了豪华运动型多功能汽车的新理念。领航员是当时唯一一款配备6速自动变速器的全尺寸SUV。

林肯领航员采用5.4 L 3气门新型发动机，最大输出功率达224 kW，拥有127 L油箱，全时四驱。林肯领航员改进后的外观与内部设计在继承林肯轿车经典传统的同时，又结合了现代的表面处理与白色发光二极管技术。

图2-37 林肯领航员

阿斯顿·马丁（AstonMartin）汽车公司始建于1913年3月，创始人是莱昂内尔·马丁和罗伯特·班。公司设在英国盖顿，公司主要生产敞篷旅行车、赛车和限量版的跑车。阿斯顿·马丁DB5车型（图2-38）诞生于1963年，首次出现在007系列电影《金手指》荧幕中，随后便一发不可收拾陆续出现在《雷霆万钧》《黄金眼》《明日帝国》《皇家赌场》《大破天幕杀机》等电影中。

阿斯顿·马丁DB5整车尺寸为4 572 mm×1 676 mm×1 346 mm，轴距为2 489 mm，整车净重仅有1 465 kg，定位于硬顶跑车风格。该车搭载的是4.0 L直列六缸发动机，发动机最大功率为210 kW，最大扭矩为390 N·m。采用前置后驱、前独立叉臂螺旋弹簧以及后活轴拖拽臂瓦特连杆悬挂系统。

图2-38 阿斯顿·马丁DB5

水星SABLE-LS（图2-39）采用了V6发动机，前轮驱动和4速自动变速器。它的内部行李箱开启装置让被关在里面的人能自己出来。现在的SABLE与原来的SABLE相比并没有被彻底重新设计，只是被更新了一下。

图2-39 水星SABLE-LS

水星汽车是福特汽车公司旗下唯一自创的品牌，1935年亨利·福特之子艾德塞尔·福特提议建立一条生产中档车的生产线。于1935年开发出了水星品牌，进军中档车市场，1938年10月正式推出水星产品。

三、凯迪拉克

1. 品牌介绍

凯迪拉克汽车品牌，1902年诞生于被誉为美国汽车之城的底特律。现在是美国通用汽车集团旗下一款豪华汽车品牌。当1902年Henry M. Leland制造第一辆凯迪拉克的时候，它是当时最好的汽车之一。此后的一个多世纪里，在设计以及技术方面的不断创新使其始终保持汽车界的领先地位。

2. 品牌创始人

凯迪拉克公司创始人亨利·利兰（Henry Marty Leland，1843—1932，图2-40），美国汽车工程师、制造商。他非常重视加工精度、制造质量和零件的互换性，并且认为这是迅速增加产量、扩大汽车发展规模的关键。在这种当时非常新颖的思想指导下，到1906年凯迪拉克在底特律的工厂已成为当时世界上最大、最完善和装备最好的汽车厂。1909年亨利·利兰把凯迪拉克公司卖给了通用汽车公司，并且继续担任这家分公司的经理长达8年。第一次世界大战结束后，利兰父子又创办了林肯汽车公司，并设计出了著名的"林肯"牌汽车（后来被并入福特汽车公司）。

图2-40　亨利·利兰

3. 品牌标志

凯迪拉克标志（图2-41）由桂冠环绕着经典的盾牌形状，而盾牌形状则由各种颜色的小色块组成，其中红色代表勇气，银色代表纯洁的爱，蓝色代表探索。

图2-41　凯迪拉克标志

4. 品牌特色与经典车型

凯迪拉克自成立以来，就代表着突破成规、追求不凡、乐于创造的美国精神。在100多年的岁月里，凯迪拉克一直为众多的美国总统、外交官、大使以及外国政要定制大型豪华轿车和专用车型，这个代表品牌荣耀的传统一直延续至今，许许多多叱咤风云的领袖都极其钟爱凯迪拉克豪华轿车，而凯迪拉克也见证了他们领导下的美国变革之路。

单缸、可载两人的Oceola（图2-42）是亨利·利兰最爱的汽车之一，也是业内第一辆车身完全封闭的汽车，车身由Fred J.Fisher监督制造。

图2-42　第一辆封闭车身汽车Oceola

美国总统座车（图2-43）：自1930年代末，美国联邦政府就已专门派定车辆供总统使用，并常指定

总统座驾使用柴油发动机，可坐7人。总统的座舱防弹钢板厚达8 in（约20 cm），车门以波音757客机机身材料制造，重量几乎与其舱门持平。车窗防弹玻璃厚达55 mm，支撑车体的巨型固特异轮胎采用凯夫拉尔强化纤维橡胶制成，即使在爆胎的情况下也能持续高速行驶。车子的密封座舱可抵御生化武器及核放射污染。汽油油箱里面装有特殊泡沫，即便受到袭击也不会发生爆炸。

图2-43　美国总统座车

要配有先进的通信设备、特殊的便利功能、配备装甲以及防御性的反制措施等。已经有许多不同种类的车辆被官方或非官方认定为总统用车，但传统上都是以选用美国车为主。沿用美国总统专机习称"空军一号"，总统专车也习称——"陆军一号"。

四、劳斯莱斯

1. 品牌介绍

劳斯莱斯（Rolls-Royce），又称罗尔斯-罗伊斯，是超豪华汽车厂商，1906年成立于英国，现在是德国宝马汽车集团旗下一款豪华汽车品牌。Rolls-Royce出产的轿车是顶级汽车的杰出代表，以其豪华而享誉全球，是欧美汽车的主要代表之一。劳斯莱斯最与众不同之处是它大量使用手工劳动，它是汽车王国雍容高贵的唯一标志，无论劳斯莱斯的款式如何老旧，造价多么高昂，至今仍然没有挑战者。

2. 品牌创始人

查尔·劳斯（C.Rolls，1877-1910，图2-44），机械工程师，1877年出身于贵族世家，是英国最早的汽车爱好者，也是最早的赛车运动推进者之一。1903年，他驾驶赛车在都柏林创造了一项时速150公里的世界纪录。1902年劳斯开始做汽车生意，他的"CS莱斯有限公司"很快成为英国最有实力的汽车经销商之一。

图 2-44 品牌创始人

亨利·莱斯（Frederick Henry Royce，1863—1933，图2-44），英国工程师和汽车设计师，以生产高级轿车和航空发动机闻名，劳斯莱斯公司创始人之一。1884年，莱斯在曼彻斯特与一名朋友合资创立F·H·莱斯公司，并于1894年注册成莱斯有限公司。1906年，莱斯设计的汽车得到汽车代理商查尔·劳斯的赏识，两人遂于同年合作成立劳斯莱斯有限公司，由莱斯主导设计和生产，劳斯则负责市场销售。

劳斯莱斯的标志（图2-45）图案采用两个"R"重叠在一起，象征着你中有我，我中有你，体现了两人融洽及和谐的关系。

图 2-45 劳斯莱斯标志

3. 品牌标志

银魂（图2-46）诞生于1907年，第一辆真正的传奇之作，其金色钟顶形散热器非常引人注目，直到今天这一造型依然是劳斯莱斯不可替代的设计元素。它拥有领先于时代的技术：强制润滑，7 L 6缸发动机输出功率可达35 kW，最高车速达110 km/h，这在当时绝对是一项世界纪录。

图 2-46 银魂

4. 品牌特色与经典车型

劳斯莱斯100EX（图2-47）是自1998年宝马接手劳斯莱斯，并且在2003年发布全新的Phantom之后的第一款实验车型。作为全球超级豪华车的代表，劳斯莱斯在100多年来的经营中取得了相当的成功。为纪念品牌诞生100周年，劳斯莱斯推出了百年纪念版100EX，全球只生产了唯一一辆。

图 2-47　劳斯莱斯 100EX

劳斯莱斯 100EX 是一款四座双门开篷车，它选用轻巧的坚硬铝合金空间构架。发动机罩下面配备一台当时独一无二的 9 L、V 形 16 缸、64 气门直喷式汽油发动机。

Rolls-Royce 响应国际乳癌日公益活动，借由以 Ghost 长轴版为基础、打造出这款称为 FAB1 Edition 的特别车款（图 2-48），计划在这一年内以出租此车的方式募集 100 万英镑的款项，来作为防治乳癌的公益所用。

图 2-48　粉红色特别版

图 2-49　奥运特别版

奥运特别版（图 2-49）基于幻影系列 II 软顶敞篷车打造，加入了车头徽标中的"欢庆女神"身披英国国旗、方向盘的中心镶有奥林匹克运动会传统的月桂花冠以及火炬图样、轮毂中心始终保持垂直的字样为"2012 年伦敦奥运会"等极具纪念意义的设计，并且每一辆车均配有一个设计独特的迎宾踏板，来突出"全球仅此三辆"的稀有品质。

劳斯莱斯幻影（图 2-50）系列起源于 2003 年，是劳斯莱斯被宝马（BMW）收购后推出的第一个产品，也是该公司的旗舰车型。幻影继承了劳斯莱斯长发动机机罩、短前悬和长后悬的经典设计，车顶轮廓线在后部与坚固的 C 柱融为一体，为车辆增添了沉稳的味道。

图 2-50　幻影

幻影采用全铝合金车身，庞大的车身还不到 2.5 t 重，333 kW 和 V12 发动机，将重量保持在最低限度，并使其成为迄今为止最快的量产轿车之一。幻影 0～100 km/h 的加速不到 6 s，出于对安全的考虑最高时速被限制在 240 km/h。

请选择 20 世纪 20 年代前的一个汽车品牌，制作一份品牌发展史简图。

任务三　体验急速前进、动力为王的20世纪20～30年代

知识目标：
1. 了解1920—1939年阶段成立的汽车品牌。
2. 熟悉1920—1939年阶段著名汽车品牌知识。
3. 了解1920—1939年阶段发生的汽车大事记。

能力目标：
能准确识别该阶段出现的汽车品牌的标志。

思政目标：
1. 培养学生的产权意识。
2. 培养学生精益求精的职业精神。

建议参考学时：1学时。

20世纪30年代的经济大萧条终结了汽车工业的黄金时期，除了被好莱坞明星们视为身份地位象征的豪华汽车，经济型汽车和"平民汽车"也得到了发展，普通人也开始拥有汽车。世界最高汽车速度记录不断被刷新，报纸开始大肆渲染打破速度纪录的英雄们。直列8缸、V形16缸等大功率发动机登上车坛，使得跑车和豪华车的动力性和外观设计达到了新的高峰。热血沸腾的你来给我们介绍介绍吧。

环节	对应项目	具体程序
1	准备工作	场地准备：5人一组，对应数量的课桌椅、多媒体设备，必要文具 资料准备：教材、笔记本、搜集的资料
2	前提条件	（1）每组设一名组长，由组长负责组织 （2）了解1920-1939年阶段汽车品牌相关知识
3	操作过程	（1）每一组派一个代表介绍本组搜集的资料 （2）选择一个汽车品牌介绍其发展史、重要人物、经典车型等
4	后续工作	各小组互相交流、评价

项目二　世界汽车品牌简史

品牌导图

| 1920 年 | | 马自达（MAZDA）
亲切和蔼的老者
世界上唯一研发和生产转子发动机的汽车公司 |

| 1921 年 | | 迈巴赫（Maybach）
独一无二的设计
德国百年汽车品牌，汽车文明的先驱者与引领者 |

| 1922 年 | | 名爵（MG）
英国汽车工业开创者 |

| 1925 年 | | 克莱斯勒（Chrysler）
无止境的追求 |

| 1927 年 | | 沃尔沃（VOLVO）
安全守护神 |

| 1929 年 | | 宝马（BMW）
尊贵的象征 |

| 1931 年 | | 保时捷（Porsche）
超级动感跑车 |

| | | 捷豹（Jaguar）
如豹般迅速 |

| 1933 年 | | 丰田（TOYOTA）
多功能使用车 |

| 1934 年 | | 日产（NISSAN）
力量源于自身 |

| 1937 年 | | 大众（Volkswagen）
多样的选择 |

| | | 萨博（Saab）
陆地上的飞机 |

大事记

1920—1939 年汽车大事记

1920
- 马自达的前身东洋汽车公司成立。
- 杜森博格 A 型车首次采用液压制动器。
- 法国巴洛特（Ballot）汽车采用双顶置凸轮轴（DOHC）技术。
- 福特 T 型车占当时美国全部汽车产量的 55.45%。
- 柏林出现世界上第一条高速公路。
- 美国的克莱尔发明了倒车灯。

1923
- 美国出现了可选装的汽车收音机。
- 含铅汽油开始出售。

1924
- 麦克斯韦尔公司更名为克莱斯勒公司。
- 美国平均 7 人有一部汽车。
- 德国博世公司发明了电动刮水器。

1925
- 斯柯达汽车公司开始生产汽车。

1926
- 第一辆庞蒂克汽车在纽约车展上展出。
- 沃尔沃汽车公司成立。
- 奔驰公司与戴姆勒公司合并为戴姆勒 - 奔驰公司。

1927
- 福特 T 型车在生产 1 500 万辆后停产。
- 空气滤清器、汽油滤清器、机油滤清器、曲轴箱换气装置和后视镜开始出现。
- 英国人亨利·西格雷夫驾驶"阳光"创造了 327.98 km/h 的世界最高速度纪录。

1931
- 劳斯莱斯公司接管宾利汽车公司。
- 保时捷设计公司成立。

1932
- 阿尔法·罗密欧汽车公司推出第一辆单座大奖赛汽车。

1933
- 世界上第一家汽车电影院在美国开张。
- 日本丰田自动织布机厂设立汽车部。

1934
- 日产汽车公司成立。
- 克莱斯勒率先推出流线型车身轿车。
- 雪铁龙推出前轮驱动汽车。

1935
- 意大利菲亚特推出 500 型微型轿车。

1936
- 戴姆勒—奔驰公司首先推出柴油车。
- 费迪南德·保时捷博士设计的甲壳虫原型车面世。
- 日本三菱公司销售首批柴油汽车。
- 英国第一辆摩根品牌汽车问世。

1937
- 丰田汽车公司成立。
- 日本五十铃汽车公司成立。
- 德国大众汽车公司成立。

039

汽车文化

笔记

1929
- 世界汽车年产量达 533 万辆。
- 凯迪拉克使用带同步器的手动变速器。
- 第一辆悬挂宝马标志的汽车诞生。
- 英国人亨利·西格雷夫驾驶"金箭"汽车，创下 372 km/h 的世界陆地速度纪录。

1930
- 布加迪正式推出"皇家"（Royale）号汽车。
- 凯迪拉克第一次使用 V16 发动机。

1938
- 美国别克汽车装上了转向闪光灯。

1939
- 美国帕卡德公司推出带空调的汽车。

一、马自达

1. 品牌介绍

马自达（MAZDA）汽车公司成立于 1920 年，总部设在日本广岛，创始人是松田重次郎。它的前身是"东洋软木株式会社"，主要生产包括酒瓶瓶塞等软木制品。1931 年以生产三轮载重汽车为起点，开始涉足汽车制造业。1940 年开始生产小轿车。1961 年从德国汪克尔公司引进转子发动机，取得转子发动机生产权利，开始了马自达公司的迅猛发展期。1979 年福特公司购买了马自达公司 25% 的股份，1996 年增加到 33.4%，成为马自达最大的股东。

2. 品牌标志

马自达目前的车标（图 2-51）是与福特公司合并后于 1997 年开始采用的。它由马自达的第一个字母"M"变化而成，字母"M"中间的"V"展开以后像展翅高飞的海鸥，预示着马自达要展翅高飞，技术不断突破，以无穷的创新和真诚的服务，勇闯车坛顶峰，迈向新世纪。

图 2-51 马自达标志

3. 品牌特色与经典车型

世界年度风云车型大奖是目前世界最高级别荣誉的汽车评选活动。第四代马自达 MX5（图 2-52）一举拿下 2016 年度"世界风云车"和"世界年度设计车"大奖，创下了该奖项设立以来同一车型同时获两项大奖的记录。

图 2-52 马自达 MX5

转子发动机结构

图 2-53 转子发动机

马自达汽车公司有着非常完备的产品线，涉及经济型轿车、越野车、跑车等各种车型。其汽车设计理念在业界有着极高的认可度，不落俗套的创新一直引领着日本甚至世界汽车设计的潮流与时尚。

马自达汽车公司在汽车发动机方面的创新成就更加令业界瞩目，马自达是全世界唯一一家将转子发动机（图 2-53）量产的公司。

1963年10月东京国际车展，世界上首款搭载转子发动机的试验车"Cosmo Sport"（图2-54）公开亮相，之后研发人员为了使其品质与耐久性更加稳固，不断改善。其低矮流畅的造型，以及小型高输出功率等转子发动机的技术优势被淋漓尽致地发挥出来，引领跑车潮流。

图 2-54 马自达 Cosmo Sport

二、宝马

1. 品牌介绍

宝马汽车是驰名世界的汽车企业之一，也被认为是高档汽车生产业的先导，总部设在德国慕尼黑。宝马的历史最早可以追溯到二十世纪初，1922年，BFW（巴伐利亚飞机公司）和BMW（巴伐利亚发动机公司）两个公司合并，成了新的宝马公司，1928年开始生产汽车，1929年第一辆悬挂宝马标志的汽车诞生。2003年5月，华晨宝马汽车有限公司注册成立，这是宝马集团和华晨中国汽车控股有限公司共同投资成立的合资企业，从事宝马品牌汽车的制造、销售和售后服务。

2. 品牌标志

宝马车标（图2-55）是内外双圆圈，中间内圆是蓝白相间的图案，代表蓝天、白云和旋转不停地螺旋桨，不仅表示公司所在地巴伐利亚州的州徽，也寓含该公司过去在航空发动机技术方面的领先地位。同时，也象征着公司一贯的宗旨和目标——在广阔的时空中，以先进的精湛技术、最新的观念，满足顾客的最大愿望，反映了公司蓬勃向上的气势和日新月异的新面貌。

图 2-55 宝马标志

3. 品牌特色与经典车型

宝马轿车车身造型具有鲜明的特色，"双肾"形散热器通风栅架（图2-56），形成与众不同的风格。1933年宝马推出的303 Saloon，这款车是宝马首次搭载1.8 L直列六缸发动机，也是第一款采用"双肾"形格栅的车型，这个经典的设计元素直到今天仍存在于每一辆宝马车上，成了宝马的象征。

首辆"双肾"型格栅车型宝马303　　现代宝马车型上的格栅

图 2-56 宝马经典格栅造型

20世纪50年代红极一时的宝马Isette（伊塞塔）（图2-57）是由意大利电冰箱等制冷设备的公司设计的一款微型车，该设计被宝马公司收购改进后，于1955年正式向市场推出。它的车身小巧、售价便宜，符合当时的市场需求，一经推出，便受到了德国民众的欢迎，掀起了一阵"泡泡车"热潮，并被多个国家仿制。

比Smart更小巧的车身　　　　两座前开门设计

图2-57　宝马Isette

4. 旗下品牌（图2-58）

图2-58　宝马旗下品牌

三、丰田

1. 品牌介绍

丰田（TOYOTA）公司是世界十大汽车工业公司之一，创立于1933年，总部设在日本东京。丰田公司早期以制造纺织机械为主，创始人是丰田喜一郎。丰田通过引进欧美技术，在美国的汽车技术专家和管理专家的指导下，很快掌握了先进的汽车生产和管理技术，并创造了著名的丰田生产管理模式。

2. 品牌创始人

丰田喜一郎出生于1895年，其父亲丰田佐吉（图2-59）是日本有名的纺织大王，潜心于发明的佐吉在他一生中取得了84项专利并创造出35项最新实用方案，被人们誉为"日本的发明王"。

丰田喜一郎的主要贡献有：第一，他自一开始组织汽车生产就注意到了从基础工业入手，着眼于整体素质的提高，使材料工业、机械制造、汽车零部件业与汽车工业同步发展，为汽车的大批量生产创造了必要的条件，因此他被日本人称为"日本大批量汽车生产之父"。第二，在生产过程的科学管理方面，他将传统的整批生产方式改为弹性生产方式，经后来的公司副总裁大野耐以进一步发展之后，成为完善的"丰田生产方式"，成为世界许多国家争相学习的先进经验。

　　丰田佐吉　　　　　丰田喜一郎

图2-59　丰田品牌创始人

3. 品牌标志

图2-60　丰田标志

现在的丰田标志（图2-60）是在1989年10月公司创立50周年纪念时发表的。新标识中有3个椭圆，左右对称，在大椭圆内的两个相互垂直的椭圆分别代表顾客和厂家的心，其轮廓线重叠象征着彼此心心相印。这两个相互垂直的小椭圆的整体外轮廓为"T"，象征着丰田，同时也象征着方向盘，即车辆本身。外面的大椭圆象征环绕着丰田的世界。

4. 品牌特色与经典车型

1934年，丰田喜一郎通过引进欧美车辆参考并进行逆向设计，于1935年8月造出了第一辆丰田A1型轿车和第一辆丰田G1型小卡车（图2-61）。

丰田 A1　　　　　　　　　　丰田 G1

图 2-61　丰田初始车型

丰田作为日系品牌的代表之一，经济耐用一直是大家对它的印象，"开不坏的丰田"这一说法是大家对其可靠品质的肯定。卡罗拉（图2-62）、凯美瑞、皇冠等经典车型，历经数代演变，至今仍然十分畅销。

1966年第一代卡罗拉　　　　　　　2019年第十二代卡罗拉

图 2-62　丰田卡罗拉

除了畅销车型外，丰田还有一款鲜为人知的车型，足以与欧洲顶级豪华车媲美，这就是丰田Century（世纪）（图2-63），这是一款为了纪念丰田汽车创始人丰田佐吉100周年诞辰而研制的豪华车，始创于1967年，也是丰田旗下顶级的产品，经常作为日本皇室用车，有"日本劳斯莱斯"之称。

第一代世纪外形非常方正、庄重而优雅。当时的世纪使用了丰田最先进的技术，搭载 3.0L V8 发动机和4速自动变速箱。

图 2-63　丰田世纪

5. 旗下品牌（图2-64）

丰田　　雷克萨斯　　赛恩　　大发　　斯巴鲁　　日野

图 2-64　丰田旗下品牌

四、大众

1. 品牌介绍

大众汽车公司成立于1938年，创始人是世界著名的汽车设计大师费迪南德·保时捷（Ferdinand Porsche），总部位于德国的沃尔夫斯堡，是欧洲最大的汽车公司，也是世界汽车行业中最具实力的跨国公司之一。大众品牌顾名思义是为大众生产的汽车。

2. 品牌创始人

在百余年的汽车发展史上，费迪南德·保时捷（Ferdinand Porsche，又译为费迪南德·波尔舍，图2-65）是最为杰出的汽车设计大师。保时捷对汽车的杰出贡献主要体现在其高超的产品设计水平和使汽车大众化的设计理念两个方面。

1905年起，保时捷被聘任为戴姆勒奥地利分公司技术部经理，先后成功设计"玛哈（Maja）""公爵"牌轿车。1930年创建自己的公司——保时捷汽车设计所。1934年，保时捷接受当时汽车联盟开发赛车的任务委托，以全新角度设计了第一辆具有16缸增压式发动机的赛车——Type A "银箭"（图2-66），还采用了中后置发动机后轮驱动的罕见布局，确定了自那以后的国际环形赛车场地用车的基本外形。

保时捷从未忘记自己开发平民车的理想。从1935年起，他带领设计小组按照"坚固可靠，经济实用，技术全面成熟"的三条原则开发设计大众型轿车。1937年，保时捷设计并打造30辆"甲壳虫"的原型车，这批车被称作"国民轿车"。

图2-65 费迪南德·保时捷与甲壳虫

图2-66 "银箭"赛车

3. 品牌标志

大众汽车公司的标志（图2-67）图案简洁、鲜明、令人过目不忘。其图形标志是德文Volkswagenwerk单词中两个字母V和W叠合镶嵌在一个大圆圈内，图形商标形似三个"V"字，像是食指和中指做出的V形，即Victory胜利的第一个字母，表示大众公司及其产品"必胜—必胜—必胜"的信念。

图2-67 大众标志

4. 品牌特色与经典车型

大众的经典车型中，最具传奇色彩的当属甲壳虫汽车。历史悠久的甲壳虫汽车，以其简洁的设计、朴实的风格，在不断地推陈出新中一直受到各界的欢迎和赞誉。但是随着近几年甲壳虫销量不断下滑，墨西哥当地时间2019年7月10日，随着最后一辆"甲壳虫"汽车在墨西哥驶离生产线，德国大众汽车公司宣布正式停产该汽车型号，甲壳虫汽车正式停产。

1978年，德国本土生产的甲壳虫（图2-68）停产。

图2-68 旧款甲壳虫

项目二　世界汽车品牌简史

1998年，大众公司推出了其全新打造的最新款甲壳虫汽车（图2-69）。新甲壳虫汽车的保留基本外形设计的同时拥有靓丽的色彩和动感的线条，整体造型还是秉承半个世纪前的款式，但是加入了更多现代化的机械性能。

图2-69　新款甲壳虫

5. 旗下品牌

大众汽车公司在全世界有13家生产性子公司（图2-70），海外有7个销售公司，23个其他公司。

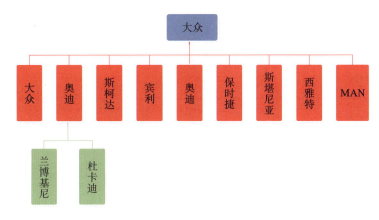

图2-70　大众集团

任务四　经历战争洗礼、为赛车疯狂的20世纪40～50年代

知识目标：
1. 了解1940—1959年阶段成立的汽车品牌。
2. 知道1940—1959年阶段著名汽车品牌知识。
3. 了解1940—1959年阶段发生的汽车大事记。

能力目标：
能准确识别该阶段出现的汽车品牌的标志。

思政目标：
1. 培养学生追求突破、勇于革新的工匠精神。
2. 培养学生认识主要矛盾与次要矛盾区别。
3. 理解"科学技术双刃剑"的特点。

建议参考学时：1学时。

汽车文化

 笔 记  任务描述

第二次世界大战期间,汽车生产停滞,战后恢复期的汽车业也是步履维艰。庆幸的是:战争期间所使用的军用技术催生了新的优良发动机、实用简洁的皮卡和经济型小汽车。发展兴旺的美国汽车生产商开始追求高速、豪华和强动力,使得战后已恢复元气的汽车业疯狂涌入赛车场。你想来看看他们都开发了些什么吗?

 任务实施

环节	对应项目	具体程序
1	准备工作	场地准备:5人一组,对应数量的课桌椅、多媒体设备,必要文具 资料准备:教材、笔记本、搜集的资料
2	前提条件	(1)每组设一名组长,由组长负责组织 (2)了解1940—1959年阶段汽车品牌相关知识
3	操作过程	(1)每一组派一个代表介绍本组搜集的资料 (2)选择一个汽车品牌介绍其发展史、重要人物、经典车型等
4	后续工作	各小组互相交流、评价

 品牌导图

1941 年
 吉普(Jeep) 野外疾行者

1947 年
 法拉利(Ferrari) 风驰的追风者

1950 年
 西雅特(SEAT) 汽车高尔夫

1953 年
 斯巴鲁(SUBARU) 汽车界雄狮

1959 年
 迷你(MINI) 小巧迷你惹人爱

1944 年
 起亚(KIA) 舒适的小车

1948 年
 本田(Honda) 时尚的都市人
 路虎(LAND ROVER) 权威四驱车革新者

1951 年
 莲花(LOTUS) 最纯粹的跑车

1954 年
 福特雷鸟 潮流的先锋
 铃木(SUZUKI) 缔造品质

1940—1959年汽车大事记

1940
- 美国汽车开始安装安全带。
- 美国军队开始使用越野性能极强的吉普汽车。
- 哥廷根大学开始研究汽车阻力、升力和侧风的影响。
- 奥兹汽车率先推出全自动变速器。
- 一种流线型的宝马汽车赢得了意大利1 000（1英里=1.609公里）公路汽车赛胜利，这对战后的汽车设计产生了重要影响。

1941
- 大众汽车公司首先生产水陆两用汽车。

1944
- 韩国起亚汽车公司成立。

1945
- 大众公司在英军控制下恢复生产。

1946
- 本田汽车公司成立。

1947
- 日产汽车公司生产达塔桑牌汽车。
- 当年全球汽车总产量达585万辆。
- 法拉利汽车公司正式成立。第一辆法拉利跑车参加比赛。

1948
- 路虎越野车问世。
- 捷豹XK120跑车在伦敦汽车展中引起轰动。
- 第一辆保时捷车型365跑车问世。
- 林肯和凯迪拉克汽车开始安装电动车窗。
- 后来被称为"丑小鸭"的雪铁龙2CV亮相。

1949
- 克莱斯勒汽车使用盘式制动器。
- 福特V8型轿车推出。

1950
- 路虎汽车公司推出世界第一台废气涡轮增压发动机。
- 当年全球汽车产量突破1 000万辆、达到1 057万辆。
- 一级方程式（F1）大奖赛开始举行。

1951
- 克莱斯勒推出助力转向。
- 国际比赛中强制使用防撞头盔。

1952
- 铃木公司开始制造摩托车。

1953
- 富士重工业公司成立。
- 米其林发明子午线轮胎。

1954
- 奔驰300SL跑车采用燃油电子喷射发动机。
- 韩国双龙汽车公司成立。
- 德国人汪克尔设计出转子发动机。

1955
- 福特创造一天生产10 877辆汽车的纪录。
- 英国路特斯汽车公司成立。
- 丰田推出皇冠汽车。
- 本年度全球汽车产量达到1 363万辆。
- 在法国勒芒大赛中，发生了一起最为悲惨的意外事故，82人丧生。

1956
- 中国第一辆自行设计制造的解放牌载货汽车问世。

1957
- 所有沃尔沃汽车均安装安全带。
- 在2名车手和2名观众丧生后，意大利政府停止了1 000英里公路赛。

1958
- 中国东风轿车问世，这是中国第一辆轿车。

1959
- 迷你（Mini）车投产。
- 本田在美建摩托车厂。
- 全球汽车保有量超过1亿辆，当年产量达到1 392万辆。

一、吉普

吉普（Jeep）是克莱斯勒公司的旗下品牌。第二次世界大战期间，美国陆军总部向所有汽车制造公司公开征询一款轻型侦察车，以便取代用来传递军情与负责先遣侦查任务的传统军用三人座摩托车。1941年7月23日，俄亥俄州托莱多市的威利斯·奥夫兰与美国军方签订合同生产威力MB车。从那时开始，在整个多用途市场中Jeep这个名字成为最为人所知并最受人赞赏的品牌。

二战后，Jeep根据民用需求改进多个地方，以其优异的耐用性及可靠度，开始慢慢民用、平民化。作为越野车的鼻祖（图2-71），传奇的Jeep汽车具有权威性的四轮驱动性能及战胜各种路面的性能，无人能及。

1946年上市的Jeep Willys Station Wagon是历史上第一辆真正意义的SUV，以及第一辆全钢旅行车，有家庭和商务2种用途。在畅销的20年期间，它是Jeep深入民用市场的重要车型。

图2-71 吉普经典车型

二、法拉利

1. 品牌介绍

法拉利是意大利超级跑车制造商,创立于1947年,主要制造一级方程式赛车、赛车及高性能跑车。创始人是世界赛车冠军,创时代的汽车设计大师恩佐·法拉利(Enzo Ferrari)。总部设在意大利跑车之都——摩德纳,现为菲亚特公司的子公司。法拉利汽车大部分都采用手工制造,因而产量很低。

2. 品牌创始人

世界赛车之父——恩佐·法拉利(图2-72),他一生致力于提高赛车的性能以不断夺取桂冠。当前风头最劲的F1赛车运动就是在他的影响下被传播到世界各地。

1947年法拉利创建了自己的汽车制造厂,生产出第一辆车——法拉利125S。由于赛车的性能需要在赛车场上才能得到检验,因此,法拉利积极参加各种汽车大赛(图2-73),借以检验、宣传自己的赛车,并夺得多项桂冠。这一连串的胜利,奠定了法拉利赛车在世界车坛上至高无上的地位。

图2-72 恩佐·法拉利

图2-73 近年赛场上的法拉利车队

3. 品牌标志

法拉利(图2-74)的标志是一匹跃起的骏马,表示法拉利赛车勇往直前的英勇性格,商标上部的绿、白、红三色是意大利的国旗色,下面是法拉利的名字,而标志底色为公司所在地摩德纳的金丝雀的颜色。

图2-74 法拉利标志

4. 品牌特色与经典车型

法拉利125S(图2-75)是第一款装饰法拉利车标的车型。这款车搭载采用DOHC技术的V12发动机,排气量约为1.5 L、压缩比9.5,最大功率为87 kW。

图2-75 法拉利125S

在法拉利众多经典车型中,法拉利F40(图2-76)是一款具有特别历史纪念意义的跑车,它于1987年推出,作为法拉利公司成立40周年的纪念车型,是法拉利推出的第一台时速能超过320 km/h(最高车速324 km/h)的民用跑车,也是恩佐·法拉利死前批准的最后一辆汽车。

法拉利 F40 车体以碳纤维等复合材料打造而成，不仅具备高强度的车体刚性，同时也能达到轻量化的目的。采用发动机中置后轮驱动的布局，搭载 V8 双涡轮发动机，双顶置凸轮轴，排气量 3 L，输出功率增强为 305 kW，最高速度超过 320 km/h，被环球车坛元老们称赞为"划时代的超级跑车"。

图 2-76　法拉利 F40

三、本田

1. 品牌介绍

本田汽车公司全称为本田技研工业股份有限公司，其前身是本田技术研究所，创建于 1948 年 9 月，创始人是本田宗一郎。本田汽车公司是本田集团的主要成员，也是世界最大的摩托车生产厂之一，于 1962 年开始生产汽车，公司总部设在东京。目前，本田公司已成为一个跨国的汽车、摩托车生产销售集团。

2. 品牌创始人

本田宗一郎于 1906 年 11 月 17 日出生在日本静冈县的一个穷苦家庭，他自幼便对机械表现出了一种特殊的偏好。虽然出身贫寒，却成为天才发明家，拥有 470 项发明和 150 多项专利。

1946 年，宗一郎在滨松设立"本田技术研究所"，亲手研制了 50 mL 双缸 A 型自行车马达，这就是最早的本田摩托车发动机，也是本田 A 型摩托批量生产的开始。

在经营摩托车获得成功以后，本田于 1962 年开始涉足汽车生产。设计开发的 CVCC 发动机及安装此种发动机的汽车，因其控制排污效果好而于 1975 年在世界汽车界引起极大轰动，为公司赢得了不可计数的利润及崇高的商业声誉。

美国机械工程师学会设有一项荷利奖，专门用于奖励那些在机械工程领域做出了杰出贡献的人。迄今为止，该奖项一共颁发过两次：1936 年奖励了有"汽车大王"之称的美国人亨利·福特；1980 年奖励了日本人本田宗一郎。据此，人称本田宗一郎为"日本的福特"。

3. 品牌标志

本田的标志（图 2-77）图案中的 H 字母是本田日文拼音"Honda"的第一个字母。H 字母外边用方框围着。这个标志把技术创新、团结向上、经营有力、紧张感和轻松感体现得淋漓尽致。

图 2-77　本田标志

4. 品牌特色与经典车型

"技术本田"是车迷对本田最初也是最深的印象。从 CVCC 到 i-VTEC，再到如今的地球梦发动机（图 2-78），本田始终站立在行业前端，以破浪者的身份不断突破自己，巩固着"技术本田"的形象。

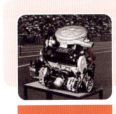   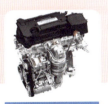

CVCC 发动机　　VTEC 发动机　　i-VTEC 发动机　　地球梦发动机

图 2-78　本田发动机

1962年，本田根据之前摩托车制造的经验，推出了第一辆投产轿车——S500（图2-79），在随后几年里，本田不断推出S600、S800等小跑车。

S500作为本田首款汽车，搭载了531 mL的4缸发动机，匹配4速手动变速箱，采用后驱形式。

图2-79　本田S500

1967年，本田开始正式进军家用车领域，推出本田N360（图2-80），一款前置前驱两厢汽车。这款车符合当时日本K-car潮流的车型，凭借稳定、可靠口碑，成了当时日本微型车的销量之王。

N360的车身尺寸为2 995 mm×1 295 mm×1 345 mm，但设计师创新地把四轮尽可能地设置在车架的四角上，获得了2 000 mm的超长轴距。同时依靠精密的发动机制造工艺，以及采用当年属于顶尖科技的SOHC单顶置凸轮轴设计，使N360动力得到提升。另外，N360还拥有13种配色方案，凭借丰富的颜色搭配在大众刮起热潮。

图2-80　本田N360

1972年，本田推出CVCC低公害发动机，突破十年内无法通过马斯基法规的预言，创造新的高度。同时搭载着CVCC技术的1.2 L直列四缸发动机的初代思域（CIVIC）（图2-81）正式诞生。第一代思域凭借较低的价格和经济耐用等特点赢得消费者的好评，1976年销量已达100万辆。

CVCC发动机　　　　　第一代思域

图2-81　本田思域

四、西雅特

1. 品牌介绍

西雅特(Seat)是西班牙最大的汽车公司，1950年成立于巴塞罗那，现在属于德国大众汽车公司子公司。

西雅特汽车公司成立之初，以生产意大利菲亚特汽车公司的车型为主。1983年，德国大众汽车公司买下了西雅特的大部分股份。西雅特归属大众麾下后，得到大众资金与技术的支持，采用大众的零部件，并由大众设计部分车型的底盘、转向系统及悬架系统。到20世纪90年代初，西雅特汽车年产量已达36万辆以上，成为西班牙效益最好的汽车公司。

2. 品牌标志

西雅特品牌整个标志（图2-82）就是一个"S"，中间的两条横线标志道路，象征有路的地方就有西雅特汽车。

图2-82　西雅特标志

3. 品牌特色与经典车型

西雅特早先与菲亚特合作期间，于1953年推出第一款车型——西雅特1400（图2-82），这款车由菲亚特提供车型，西雅特进行生产。车型除了车标采用了"SEAT"的标识之外，其他设计和菲亚特完全一致。

后来，西雅特加入大众集团后，力图精进，首次推出的车型是基于大众捷达的发动机与底盘技术开发的托列多（Toledo）（图2-83）。该车型后来还成了奇瑞首款车型"风云"的原型车。

图 2-83　西雅特1400与托列多

西雅特作为西班牙国产汽车品牌，其1957年推出的西雅特600（图2-84），凭借其低廉的售价和合适的大小，几乎垄断了西班牙汽车市场，成为西班牙的"国民车"。

西雅特600长度3.3 m，宽度1.4 m，重580 kg，采用带有3个同步器的4速联合传动器，配备最大输出约16 kW的直列四缸发动机。

图 2-84　西雅特600

五、莲花

1. 品牌介绍

莲花（LOTUS）汽车公司是世界上著名的运动汽车生产厂家，与保时捷、法拉利并称为世界三大跑车制造商。成立于1951年，曾为美国通用汽车公司所有，1996年被马来西亚宝腾汽车公司收购。公司总部设在英国诺里奇市，年产汽车600辆左右。

2011年6月，莲花品牌正式进入中国，并发布其中文官方名称"路特斯"。

2. 品牌标志

莲花汽车公司的标志（图2-85）是在椭圆形底板上镶嵌着抽象了的莲花造型，上面除了有"莲花"（LOTUS）字样外，还有几个英文字母重叠在一起组成的"CABC"，这是公司创始人查普曼（Colin Anthony Bruce Chapman）名字的缩写。

图 2-85　莲花标志

3. 品牌特色与经典车型

莲花汽车品牌，一直以追求最纯粹的驾驶感受作为其发展的理念，它所打造的汽车全部以小排量发动机及轻量化车身称霸一方。它是世界汽车赛场上一个十分有力的竞争者，多次荣获世界冠军。1963至1978年，莲花汽车7次蝉联世界最佳小客车优胜奖。

汽车文化

笔 记

图 2-86　1957 款莲花 Mk11

第一款莲花汽车由创始人柯林·查普曼改装一款奥斯汀 7 跑车时突发灵感打造而成，命名为 Lotus Mk1。经过 Lotus 不断更新赛车设计之后，其生产的 Mk8、Mk9 及 Mk10 赛车先后在法国勒芒 24 h 耐力赛中备受瞩目。1957 年 Mk11（图 2-86）型赛车更是在勒芒 24 h 耐力赛上取得历史性突破，夺得 750cc 级性能指标的桂冠。

1991 年，莲花伊兰（Elan）（图 2-87）汽车获世界汽车最佳设计奖。这是一款双门跑车，生产于 1962 年至 1973 年。它是莲花第一台采用了钢制骨架和玻璃纤维底盘的汽车，这种轻量化的设计使得 Elan 车身重量为 680 kg，先进的底盘技术在莲花后续的车型中使用了 30 年。

外观

发动机

内饰

仪表盘

图 2-87　莲花 Elan

任务五　纵览跑车辉煌、直线潮流的 20 世纪 60～70 年代

任务书

知识目标：
1. 了解 1960—1979 年成立的汽车品牌公司。
2. 了解 1960—1979 年跟汽车相关的一些大事记。
3. 掌握 1960—1979 年知名汽车品牌的创始人、经典车型等相关内容。

能力目标：
1. 能够利用网络资源搜集 1960—1979 年成立的汽车品牌公司的相关信息。
2. 能够说出 1960—1979 年成立的汽车品牌公司、创始人以及经典车型。

思政目标：
1. 树立学生的安全驾驶观念。
2. 培养学生节能减排意识。

建议参考学时：1 学时。

项目二 世界汽车品牌简史

 笔记

这是一个汽车全面发展的时代,新的发动机和车身外形涌现,一系列经典的产品,各车企以英国捷豹为首进军跑车领域,带动欧美日纷纷开发跑车。随之而来的70年代的燃油危机,遏制了发展的势头。但是汽车还是变得更好:中置的发动机增强了响应性;涡轮增压器增加了进气效率;自动安全带和安全气囊增加了安全性;方盒子式汽车造型成为潮流,车身线条以直线为主。你还知道哪些方面变得更好了呢?

环节	对应项目	具体程序
1	准备工作	场地准备:相应数量的课桌椅,多媒体设备等 资料准备:教材、搜集的相关资料
2	前提条件	(1)每组设一名组长,由组长负责组织 (2)了解1960—1979年汽车品牌的相关知识
3	操作过程	(1)每组派代表介绍1960—1979年成立的汽车品牌公司基本信息 (2)每组派代表介绍自己喜欢的汽车品牌公司以及经典车型
4	后续工作	各小组互相交流、评价

1963年

意大利兰博基尼
充满力量的超级跑车
全球顶级跑车制造商及
欧洲奢侈品标志之一

1964年

美国福特野马
野性驰骋的力量
世界最大的汽车企业之一

1967年

韩国现代
携手遍布全球
韩国最大的汽车集团

1977年

德国巴博斯
名副其实的"百奔之王"
全球最大的汽车改装厂之一

053

1960—1979年汽车大事记

1960年
- 卡迪拉克推出"一次性底盘润滑油"。
- 克莱斯勒公司制成实用型汽车交流发电机。

1961年
- 合成橡胶轮胎问世，其寿命比普通橡胶轮胎提高一倍以上。

1962年
- 聚酯树脂轮胎线研制成功。
- 丰田公司推广"看板"作业方式，后被世界各国企业界所仿效。

1963年
- 本田汽车问世。
- 楔型汽车问世。

1964年
- 半球形燃烧室问世。

1966年
- 英国人设计出车内空气排出系统，该方式后来被普遍采用。

1967年
- 韩国成立现代汽车公司。

1970年
- 奔驰公司研制出模拟防抱死制动系统。
- 日本成为世界第二大汽车生产国。

1971年
- 德国保时捷公司生产的"月球漫游者"被美国"阿波罗1号"宇宙飞船送往月球执行任务，创造了汽车在外星行驶的奇迹。

1972年
- 甲壳虫汽车累计产量超过1 500万辆，打破了福特"T"型车所保持的单一型累计产量最高的世界纪录。

1974年
- 美国规定新型客车都必须装备座椅安全带和点火装置联锁系统。

1975年
- 美国开始实施1970年修订的《净化空气法案》。
- 依维柯公司成立。

1976年
- 标致公司与雪铁龙公司合并。
- 本田"雅阁"牌轿车问世。

1977年
- 第一次国际电动汽车会议在美国举行，公开展出了100多辆电动汽车。

1978年
- 日本研制出复合燃料的汽车，即内燃机-电动汽车。

1979年
- 雪佛兰公司第一亿辆汽车下线。
- 巴西生产出以酒精为燃料的汽车。

一、兰博基尼

1. 品牌介绍

兰博基尼是一家意大利汽车生产商，隶属于大众汽车集团。全球顶级跑车制造商及欧洲奢侈品标志之一，公司坐落于意大利圣亚加塔·波隆尼，由费鲁吉欧·兰博基尼在1963年创立。1980年意大利商人米兰姆将其收购，1987年又转手克莱斯勒公司，1993年卖给了印度尼西亚的梅佳——泰克财团，2001年再次被大众奥迪公司收购，重新获得新的活力和腾飞的机会。

2. 品牌创始人

费鲁吉欧·兰博基尼（Ferrucio Lamborghini，1916—1993，图2-88），兰博基尼汽车公司的创始人，他在汽车制造业也享有盛誉。费鲁吉欧兰博基尼毕其一生，致力于提高赛车的性能以不断夺取桂冠。

1947年，费鲁吉欧·兰博基尼用回收的军用物资造拖拉机。第一台兰博基尼拖拉机名为Carioca，成为当地最大的农产品设备制造商，获得

图2-88 费鲁吉欧·兰博基尼

丰厚报酬后，成立了兰博基尼汽车公司，1963年推出了第一辆跑车。他从小爱车，拥有多辆法拉利车，因离合器问题，写书信寄给对方，提出自己的想法。然而，恩佐眼皮也没抬地回答说："我想用不着一个农耕机制造者来告诉我如何造车吧。"受此强烈打击的兰博基尼以法拉利跑车为假想敌，打造了兰博基尼超级跑车。

3. 品牌标志

兰博基尼的车标（图2-89）是一头愤怒的公牛，浑身充满力气，正准备攻击对方，寓意为该公司生产的赛车马力大、速度快、战无不胜，据说这个标志也体现了创始人兰博基尼不甘示弱的牛脾气特性。

图2-89　兰博基尼标志

4. 品牌特色与经典车型

康塔什（图2-90）被认为是汽车历史上的一座里程碑，它为今后楔型汽车的造型奠定了基础。车身整体造型具有强烈的雕刻感，全身上下散发一股强烈的阳刚之气，每个线条和棱角都显示出放荡不羁的野性。

隐藏的前大灯，前挡风玻璃与车头形成一个平滑的斜面，车身翻面有三个进风口，向上的鸥翼式车门给人一种超级汽车的感觉。

图2-90　康塔什

20世纪90年代初，兰博基尼·魔鬼跑车（图2-91）出现，显示了兰博基尼公司在跑车领域咄咄逼人的竞争态势。车体四周有很多不同大小、不同形状的散气孔，充分表露出一种刚烈的性格。

它的外形奇特，呈前冲之势。车门上翻开启，像两只巨大的翅膀。

图2-91　兰博基尼·魔鬼

二、福特野马

1. 品牌介绍

福特汽车公司在美国有福特部和林肯·默寇利部等，旗下拥有福特、林肯、马自达、水星、阿斯顿·马丁（Aston Martin）、路虎（Land Rover）、捷豹（Jaguar）、沃尔沃（Volvo）等汽车品牌。其中野马是个经久不衰的年轻偶像，福特公司将野马跑车首次亮相的舞台选在了1964年的纽约世界博览会，全球的观众目睹了汽车革命的来临。经过20世纪70年代与80年代，野马轿车从一个矮壮、堂皇的机器变成了一部简洁、活泼的汽车。1994年款野马轿车外形上进行了大改，动力更加充沛。20世纪90年代余下时间里，野马以新的线条与曲面塑造了一款有情怀的汽车。

汽车文化

笔记

图 2-92　李·艾柯卡

2. 品牌创始人

福特野马（Ford Mustang）是美国流行文化中的标志性车型，从一开始就很畅销。1964年4月，福特推出这款车的第一天就卖出了数万辆。它的创始人李·艾柯卡（Lee Iacocca，图2-92），被称为"野马之父"，出生于美国宾夕法尼亚州，父母都是意大利移民。

20世纪40年代，艾柯卡在福特汽车公司（Ford Motor Company）工作，从1970年到1978年，一路晋升的他最终成为这家汽车公司的总裁。后来在1979年他成为克莱斯勒的首席执行官，直到1992年退休。他把濒临倒闭的克莱斯勒汽车从危机中拯救回来，使其成为全美第三大汽车公司。在美国家庭中，艾柯卡也因汽车公司的广告而闻名，他的广告语是："如果你能找到更好的车，就买它。"

3. 品牌标志

图 2-93　福特野马标志

福特野马标志（MUSTANG，图2-93）采用了一匹正在奔驰的野马，表示该车的速度极快。Mustang是美国加利福尼亚州和墨西哥出产的一种名贵的野马，以它作为车标，象征着青春洋溢、无拘无束的神韵，该车成为经久不衰的全美名牌跑车。

4. 品牌特色与经典车型

图 2-94　野马 Cobra Jet

野马眼镜蛇Cobra Jet（图2-94），基于野马打造而来，进一步降低了车身高度，换装了赛车轮胎，前脸和车尾增加了一些运动化的赛车部件。最吸引人的就是发动机盖和车身侧面看上去特别霸气。

图 2-95　野马 Bullitt

新款野马Bullitt（图2-95）拥有全新的设计外观，内饰方面也有精心调整。此外，采用标准的5.0 L V8野马GT发动机，给它增加了更多的动力。

三、现代

1. 品牌介绍

1967年12月韩国商业巨子郑周永建立了现代汽车公司。它从建厂到能够独立自主开发车型仅用了18年，并成为韩国最大的汽车集团，跻身全球汽车公司20强。今天现代汽车公司每年可出口50万辆以上轿车，同时在北美、亚洲、非洲和欧洲等地区建立了汽车生产基地，这个里程碑标志着现代汽车终于在美国的竞争版图上有了一席之地。

2. 品牌创始人

郑周永（图2-96），出生在现属朝鲜民主主义人民共和国的江原北道通川郡贫农家庭，小学毕业后即四处打工维生，至1942年，用不多的资金开办

图 2-96　郑周永

现代汽车发展

了一家汽车修理厂。郑周永于1967年12月建立了现代汽车公司。新生的汽车制造商最早选择福特的英国分公司作为其合作伙伴，即由福特负责向现代提供生产轿车及轻型卡车所必需的技术。然而，福特公司对现代很冷淡，最终结束与福特的合作，自己生产汽车。1976年1月，通过引进乔治·敦布尔设计室的车型以及使用从日本国和英国学习到的生产技术。现代汽车的第一个自主车型"小马"终于投产。这款微型汽车在国内市场迅速获得了巨大成功，令现代汽车雄踞国内市场首位长达20年之久，成为汽车市场上一匹实实在在的黑马。

3. 品牌标志

现代汽车公司的标志（图2-97）是椭圆内有斜字母H。椭圆表示地球，意味着现代汽车以全世界作为舞台，进行企业的全球化经营管理。斜字母H是现代汽车公司英文HYUNDAI的首个字母，同时又是两个人握手的形象化艺术表现，代表现代汽车公司与客户之间互相信任与支持！椭圆既代表汽车方向盘，又可看作地球，两者结合寓意了现代汽车遍布世界。

图2-97　现代标志

4. 品牌特色与经典车型

全新一代伊兰特车身进行了全新的设计（图2-98），整个外形非常具有视觉冲击力。现代"流体雕塑"设计语言让新车造型看起来像一辆4门Coupe汽车，而且新车还会配备HID头灯以及LED尾灯，以提高行车安全。

图2-98　伊兰特

进口现代全新大尺寸SUV——格锐（图2-99）2013年7月18日在中国正式上市。格锐是全新胜达的长轴版车型，车身尺寸与现款进口全新胜达相比也增加不少，车内空间有了不小的提高。

图2-99　格锐

四、博速

1. 品牌介绍

巴博斯（BRABUS）公司由波尔·布舒曼（Bodo Buschmann）先生创建于1977年，是全球最大的汽车改装厂商之一，也是世界上最专业的汽车生产商之一。BRABUS尽管不是奔驰的子公司，但它却是奔驰的御用改装厂，全世界所有的Smart变形车都出自BRABUS之手，一年改装的奔驰车有80 000余辆。它的改装不是简简单单的在原车基础上的高性能改装，而是不惜工本的。

2. 品牌创始人

1977年，波多·布舒曼教授（图2-100）决定把自己对汽车改装的热情转为职业。当年11月8日他与好友——现任的巴博斯首席技术官Ulrich-Joachim Gauffres成立了巴博斯。

1983年波多·布舒曼成立了首家BRABUS展厅，时至今日已经打造许多经典车款。除了对梅赛德斯-奔驰改装情有独钟外，巴博斯也参与过对阿斯顿马丁、宾利、布加迪等品牌车型的改装。

1984年布舒曼说服了汽车租赁公司Sixt为车队增加200辆奔驰190E改装车。很多租用过巴博斯改装的奔驰190E顾客，试驾一两天后

图2-100　波多·布舒曼

都成为巴博斯的忠实客户,为巴博斯的业务发展展开了新的一页。

此后巴博斯业务发展迅速,名声很快传遍鲁尔谷(Ruhr Valley),并建立了强大的顾客群,顾客不仅来自德国,还来自世界各地,就这样开启了巴博斯改装王朝生涯。

3. 品牌标志

双B的标志(图2-101)首先代表的是创始人波多·布舒曼教授,第二层含义代表的是巴博斯在德国的改装工厂所在地——博特洛普,巴博斯的英文名称——BRABUS中是两个B字母。

图 2-101 博速标志

4. 品牌特色与经典车型

700G WIDESTAR(图2-102)为巴博斯G级旗下车型。巴博斯G级是在奔驰G级AMG的基础上改装而来,还包括G800、D6S、B63S-700、B63S-700 6X6、B63-620。

图 2-102 巴博斯 700G WIDESTAR

这些车型动力大都在 514~588 kW,十分凶悍,而内饰做工十分考究,延续了巴博斯一贯的水准,但除 B63S-700 6X6 依然保持强悍的越野性能外,其余车型已经消失殆尽,仅仅只能在公路上行驶。

巴博斯40S(图2-103)是基于奔驰S400L豪华版改装升级而来。车身加装为其量身定制的包围套件,奔驰标志全部更换为"B"字徽章。前包围装有扰流唇套件,可以有效地疏导来自正前方的气流,虽说前包围两侧的网状格栅只是装饰,但侧翼会起到一定的导流作用。

图 2-103 巴博斯 40S

请选择1960年—1980年的一个汽车品牌,制作一份品牌发展史简图。

项目二 世界汽车品牌简史

 笔 记

任务六　感受奇葩争艳、合纵连横的 20 世纪 80～90 年代

知识目标：
1. 了解 1980—1999 年成立的汽车品牌公司。
2. 了解 1980—1999 年跟汽车相关的一些大事记。
3. 掌握 1980—1999 年知名汽车品牌的创始人、经典车型等相关内容。

能力目标：
1. 能够利用网络资源搜集 1980—1999 年成立的汽车品牌公司的相关信息。
2. 能够说出 1980—1999 年成立的汽车品牌公司、创始人以及经典车型。

思政目标：
1. 掌握以发展眼光看问题的方法论。
2. 培养学生的绿色低碳理念。

建议参考学时：1 学时。

随着日本汽车工业的崛起，汽车业进入收购兼并重组时期，英国汽车品牌被瓜分，形成了三大汽车生产巨头三足鼎立的局面。在这个时代，方盒子式汽车仍占主流，但是汽车变得更安全、更舒适，配备了更高级的电子系统。由意大利设计师领衔的设计师们对家用轿车和超级跑车进行了重新设计，富有想象的设计有了用武之地，使得奇葩汽车层出不穷。要不要来扒一扒？

环节	对应项目	具体程序
1	准备工作	场地准备：相应数量的课桌椅，多媒体设备等 资料准备：教材、搜集的相关资料
2	前提条件	（1）每组设一名组长，由组长负责组织 （2）了解 1980—1999 年汽车品牌的相关知识
3	操作过程	（1）每组派代表介绍 1980—1999 年成立的汽车品牌公司基本信息 （2）每组派代表介绍自己喜欢的汽车品牌公司以及经典车型
4	后续工作	各小组互相交流、评价

品牌导图

1983 年 雷克萨斯（日本本田）
豪华尽显
全球著名豪华汽车品牌

1986 年 讴歌（日本本田）
用先进技术感动消费者
北美市场最成功的豪华品牌之一

1989 年　英菲尼迪（日本日产）
全球豪华汽车市场最重要的品牌之一

1994 年 德国奔驰 Smart
奔跑的精灵
戴姆勒公司和 Swatch 合作的产物

059

1980—1999年汽车大事记

1980年
- 日本成为世界头号汽车生产王国。
- 西班牙试制出太阳能汽车。

1981年
- 日本研制出可原地转向的汽车。
- 福特公司研制出以甲烷为燃料的汽车。

1982年
- 福特公司的双涡轮V8型高速发动机获得普利克斯大奖。

1983年
- 福特公司推出符合空气动力学概念的新型"雷鸟"牌轿车。
- 铜芯火花塞问世。

1984年
- 克莱斯勒公司与中国北京合资生产切诺基牌吉普车。
- 美国研制出全塑料发动机，自重84 kg。

1985年
- 6月25—29日，世界第一届太阳能汽车竞赛在瑞士举行。
- 中德合营的"上海大众汽车有限公司"成立。

1986年
- 通用公司收购莲花公司。
- 丰田公司累计生产5 000万辆汽车。

1987年
- 克莱斯勒公司向中国"一汽"供应发动机技术与设备。
- 克莱斯勒公司收购美国汽车公司。

1988年
- 中国"一汽"引进奥迪公司在南非厂的"奥迪100"车身旧模具生产线。
- 法拉利去世。

1989年
- 本田可变气门控制系统问世。

1990年
- 本田导航系统问世。
- 无人驾驶汽车问世，激光、超声波、电视摄像机取代了人眼。

1992年
- 法拉利跑车第500次参加F1赛车。

1993年
- 德国大众汽车公司发展迅速，跃居欧洲最大的汽车公司，成为当时世界第四大汽车公司。

1994年
- 美国成为世界最大的汽车制造王国，日本第二。
- 中国政府公布"汽车行业产业政策"，确定汽车工业为支柱产业。

1995年
- 世界各大汽车公司抢占亚洲市场，豪华汽车开始走俏全球，各大公司制定开发21世纪新产品的发展战略。

1997年
- 安迪·格林驾驶"推力SSC"号喷气式汽车，创下超音速的1 221 km/h最高车速世界纪录。

1998年
- 德国戴姆勒–奔驰汽车公司与克莱斯勒汽车公司联合组成戴姆勒—克莱斯勒汽车集团，成为世界第三大汽车公司。

1999年
- 日产与法国雷诺汽车公司合并，成为全世界第四大汽车集团。

一、雷克萨斯

1. 品牌介绍

自1989年问世以来，通过提供最精良的豪华汽车及超越期待的服务，雷克萨斯（LEXUS）成了一个畅销全球的国际汽车品牌。目前雷克萨斯的业务已经拓展到包括欧洲、中东、亚洲和大洋洲在内的50多个国家和地区。在中国，雷克萨斯首批特许经销商网络于2005年2月正式成立，后陆续向中国市场引入了旗下GS，SC，RX，IS，ES，LS，LX，GX等11大系列14款豪华汽车产品，受到了国内消费者的广泛喜爱。

自进入中国市场之初，LEXUS雷克萨斯即率先在中国市场推出四年/十万公里的免费保修及免费保养服务，并于2007年推出油电混合动力车型六年/十五万公里的免费保修及免费保养服务。此后，雷克萨斯更相继推出零配件24 h配送、全年24 h道路救援、雷克萨斯智能副驾等多项领先的人性化服务，为每一位车主提供全程无忧的尊崇用车体验。

雷克萨斯一直遵循"4P"原则（Product 丰富的产品、Process 完善的运营流程、People 人才培养、Placement of DLR network 健康的经销商网络发展）及四赢理念（消费者赢、经销商赢、总代理赢、厂家赢），这为雷克萨斯在中国的良性发展奠定了坚实的基础。

2. 品牌创始人

丰田英二（图2-104）是丰田集团创始人丰田佐吉的侄子，1936年大学毕业后进入丰田自动织机制作所，1967—1982年任丰田汽车工业社长，1982—1992年任丰田汽车董事长。他在任期间确立了提高生产效率的精益生产方式，使丰田汽车成了全球知名的大企业。丰田英二还曾担任日本汽车工业会会长和经济团体联合会副会长。他于1990年被授予一等旭日大绶章，1994年入选美国汽车名人堂，2013年9月17日去世，享年100岁。

图2-104 丰田英二

3. 品牌标志

雷克萨斯汽车商标（图2-105）采用车名"Lexus"字母"L"的大写，"L"的外面用一个椭圆包围的图案。椭圆代表着地球，表示雷克萨斯轿车遍布全世界。

图2-105 雷克萨斯标志

4. 品牌特色与经典车型

雷克萨斯LS（图2-106）将短轴版车型运动化。LS460 Vertex Edition包括前、后保险杠与侧裙等处都采用了原厂空力套件，搭配专属网状水箱护罩与来自BBS的顶级锻造铝圈，营造出不同于以往LS车系的个性化扮相。

图2-106 雷克萨斯LS

硬顶敞篷双模式、可单开的驾驶门，更有超越想象的G-BOOK智能副驾，尽显Lexus招牌式的精致与豪华体贴，豪华硬顶敞篷运动型轿车——雷克萨斯IS 300C近乎完美地诠释了精致运动之美（图2-107）。

图2-107 雷克萨斯IS 300C

二、讴歌

1. 品牌介绍

20世纪80年代早期美国汽车市场竞争异常激烈。70年代由于石油短缺、经济萧条、新政府法规导致公众购买汽车的倾向发生了很大变化。日本车以性能可靠、经济节油、价格低廉并且技术创新塑造了良好的市场形象,受到消费者追捧,本田(Honda)的销售额迅速增长。然而之后的市场出现了微妙变化,经济复苏,豪华车需求量激增。以宝马、奔驰、奥迪为代表的欧洲豪华品牌占据了高端市场。相比欧洲豪华品牌,即使是美国三大汽车制造商也只能望其项背,何况是日本的经济型轿车制造商,但是Honda决心挑战强手如云的豪华车市场,为亚洲创立自己的豪华品牌。在一片质疑声中,1986年Honda在美国创立了豪华车品牌:Acura(讴歌)。

2. 品牌创始人

本田宗一郎(图2-108)。

图2-108 本田宗一郎

3. 品牌标志

图2-109 讴歌标志

图案是一个机械的卡钳,寓意讴歌对细节的关注和技术的精湛(图2-109)。

最初,Acura(讴歌)用一把专门用于精确测量的卡钳为LOGO的原型,作为点睛之笔,由Honda创始人和精神领袖本田宗一郎在两个钳把之间加入了一个小横杠,由此用象形的大写字母"A"来代表这一品牌。不论是拉丁语原意还是作为标志原型的卡钳,都寓意着Acura(讴歌)这一代表着最高造车水平品牌的核心价值:精确、精密、精致。

4. 品牌特色与经典车型

图2-110 讴歌RDX

讴歌RDX(图2-110)全车线条棱角分明,车前脸由一条竖直的线条分割成左右两部分,进气隔栅的下沿上还有四个不大的突起,侧面的腰线较高并且前倾,从视觉上压低了车头的高度,显得比较有运动感。

图2-111 讴歌RLX

讴歌RLX(图2-111)前格栅延续了家族式的造型设计,全新配备的宝石式LED前大灯十分出彩,完全可以媲美奥迪的设计。尾部的设计饱满而有力。

三、英菲尼迪

1. 品牌介绍

英菲尼迪作为日产旗下的豪华品牌诞生于1989年,最先在美国上市,与雷克萨斯、宝马、奔驰在北美市场分庭抗争,并且迅速成长为北美重要的豪华车品牌之一。自诞生之日起,英菲尼迪便以独特前卫的设计、出色的操控表现和顶级的客户服务著称。2007年英菲尼迪正式登陆中国。

如今英菲尼迪已拥有双门跑车、轿车、越野车和SUV等全系列车型。2016年,英菲尼迪提出了全新品牌主张"EMPOWER THE DRIVE-尽释潜能"。围绕这一主张,英菲尼迪将品牌定位进一步诠释为敢于突破的豪华汽车品牌。英菲尼迪立足"以人为本""敢于突破""不断创新"三大品牌价值,基于"突破美学"与"创新之道"的产品设计与技术研发理念,打造出一系列融合创新设计与前沿技术的产品。

2. 品牌创始人

1985年,日产公司"地平线计划机密小组"成立,以产品设计师 Takashi Oka、营销总监 William R.Bruce 为中心,秘密筹划一个全新的豪华车品牌。1987年起,英菲尼迪耗费两年的时间,在全美各地布建经销服务据点,同时也建立所谓"英菲尼迪 Total Ownership Experience"(车主专属服务体验)。在1989年11月8日,全美51家英菲尼迪经销商同步开幕,这个新兴的豪华车品牌,以其全方位的高质感服务,迅速掳获消费者的心,并多次获得 J.D.Power CSI (Customer Service Index) 顾客满意度第一名的肯定,在短时间内成为客户满意度最高的汽车品牌之一。1989年,第一代 Q45 缓缓驶出工厂大门。图2-112为设计师 Takashi Oka 为第一代英菲尼迪 Q45 发表揭开布幕。

图2-112 第一代英菲尼迪 Q45 揭开布幕

3. 品牌标志

图2-113 英菲尼迪标志

Infiniti(英菲尼迪,图2-113)也被称作"无限"的意思。主要是由线条构成的,椭圆曲线表现的是一条无限延伸的道路,代表了无限扩张之意,也象征着"全世界";两条直线代表通往巅峰的道路,象征无尽的发展。

Infiniti(英菲尼迪)的标志和名称象征着英菲尼迪人的一种永无止境的追求,那就是创造有全球竞争力的真正的豪华车用户体验和最高的客户满意度。

4. 品牌特色与经典车型

图2-114 Triant

Triant(图2-114)主要的外形设计是先进的前灯系统,可以引导前灯光束在数字印射数据和GPS技术的帮助下转弯。上面的光束可以旋转至15°,下面的光束可以旋转至30°,这样可以在夜间时提供更大的可见度,特别是在山间或是在Z字形的路段上。

图 2-115　Essence

Essence（图 2-115）是一款前置后驱的混合动力双座跑车，其前突后缩的流线型外形继承了英菲尼迪一贯的设计风格，其中车侧导流孔的特色造型源于发簪。

四、Smart 汽车品牌

1. 品牌介绍

Smart 是梅赛德斯 – 奔驰（Mercedes-Benz）汽车公司和世界手表业巨头斯沃琪（Swatch）公司创意合作的产物，于 1998 年在欧洲首次面世。

许多汽车制造商陆续提出微型都市代步用车的概念，而由 Swatch 开发的 Smart 也不例外。雏形概念及风格设计由 Swatch 提供，M-Benz 负责实体设计，落实设计理念。Swatch 品牌原就是以设计炫丽、色彩鲜艳、具流行感著称，基础概念由 Swatch 所设计的 Smart 可以完全展现个人风格。再加上 M-Benz 的设计功力，让 Smart 可以保留概念车的创意，又兼具流行及实用可靠等优点。配合计算机化及人性化的操控设计，让它很聪明，就像是一部大玩具。

2. 品牌标志

图 2-116　Smart 标志

Smart（图 2-116），字母 S 代表斯沃琪公司，M 代表梅赛德斯—奔驰公司，而 art 是艺术的意思，在英语中 Smart 有灵敏、聪慧的意义。

3. 品牌特色与经典车型

图 2-117　Smart fortwo

Smart fortwo（图 2-117）保留了经典的 2.69 m 车长，加宽 10 cm 的车身带来更宽阔舒适的车内空间；仅 6.95 m 的最小转弯直径让它成为城市出行的灵动之王；强大的先进配置和互联功能，使驾驭变得更安全，更富乐趣。

图 2-118　Smart forfour

Smart forfour（图 2-118）的侧面几乎全被两个车门占据，前后车轮的位置十分靠近车头和车尾，最大程度提高了车内空间的利用率，比例达到了 77%。

项目二　世界汽车品牌简史

Smart forfour 虽然车身紧凑,但车内空间的利用率极高,储物格相当丰富,后排实用性不错,完全可以容纳两名成年人的乘坐需求。

请选择 1980 年—1999 年的一个汽车品牌,制作一份品牌发展史简图。

任务七　奔向经典复兴、创造未来的 21 世纪

知识目标:
1. 了解 2000 年之后的汽车品牌。
2. 了解 2000 年之后汽车发展历程。

能力目标:
1. 能够利用网络资源搜集 2000 年之后的汽车相关信息资源。
2. 能够说出 2000 年之后的汽车品牌。

思政目标:
1. 培养学生敢于创新、勇于创新的精神。
2. 培养学生科学看待"碳中和"。
3. 理解"碳中和、碳达峰"的内涵。

建议参考学时:1 学时。

这个时代,迈巴赫、布加迪、劳斯莱斯等开始走上复兴之路。所有的汽车尝试将越野性能、载客量和动力性结合到一起,形成了类似混合物的汽车,使得传统汽车分类模糊不清。混合动力汽车和电动汽车迅速增长,自动驾驶技术开始上阵。那接下来会怎样呢?不管怎么发展,希望驾驶仍然和从前一样——有趣。

环节	对应项目	具体程序
1	准备工作	场地准备:相应数量的课桌椅、多媒体设备等 资料准备:教材、搜集的相关资料
2	前提条件	(1)每组设一名组长,由组长负责组织 (2)了解 2000 年之后的汽车品牌
3	操作过程	(1)每组派代表介绍 2000 年之后的汽车发展简史 (2)每组派代表介绍自己喜欢的汽车品牌的发展史
4	后续工作	各小组互相交流、评价

065

汽车文化

笔记

品牌导图

2002年
赛恩——个人化汽车时代
全新的经销体系，让每位车主体验到赛恩精心设计的个人化购车流程，买到一部与众不同的个人化赛恩汽车

2007年
菲斯克——私人订制
为顾客提供专门手工打造的超级跑车
以制造豪华混合动力跑车为发展方向

阿波罗——速度与激情
一台为赛道而生、可以合法上路的超级跑车

2014年
法拉第未来——智能互联共享
为全球用户提供新能源、智能、互联及共享的产品与服务

2003年
特斯拉——纯电时代的来临
第一个采用锂离子电池的电动车公司
打造拥有独特的造型、高效的加速、良好的操控性能并且是世界上最节省燃料的车子

2010年
GLM——高端性能体验
充满日系文化情怀的环保主义品牌理想
做一家敬仰自然之神的电动车企业

大事记

2000年后汽车大事记

2002
- 戴姆勒-奔驰推出复兴后的迈巴赫超级豪华轿车。

2003
- 特斯拉在美国硅谷成立。
- 宝马收购劳斯莱斯品牌后推出第一款劳斯莱斯车型：幻影。
- 保时捷推出其第一款SUV车型卡宴。

2004
- 迈克尔·舒马赫驾驶法拉利赛车赢得他的第七个F1车手总冠军，创下世界纪录。

2005
- 布加迪威航以407 km/h的速度赢得"世界最快量产汽车"的称号。

2007
- 丰田超越美国通用汽车成为世界最大的汽车制造商。
- 通用汽车/欧宝汽车在德国测试燃料电池汽车HydroGen3。

2008
- 韩国现代汽车成为当时世界第四大汽车制造商，仅次于丰田、通用和大众。
- 特斯拉第一款纯电动跑车上市。

2009
- 中国大陆汽车产销量分别为1 379.10万辆和1 364.48万辆，成为世界最大汽车生产国和最大汽车市场。

2010
- 谷歌公司开始研制自动驾驶汽车。
- 中国吉利汽车集团收购瑞典沃尔沃轿车。

2012
- 特斯拉ModelS纯电动跑车推出，最长续航里程达480 km。

2014
- 丰田推出首款量产型燃料电池汽车。
- 宝马第一款量产纯电动汽车i3上市，纯电动款的最大续航里程为160 km。

2015
- 特斯拉装备自动驾驶技术。
- 中国新能源汽车销量达到33.11万辆，成为世界最大的新能源汽车市场。

2017
- 蔚来ES8在上海国际车展亮相。

2018
- 吉利集团收购戴姆勒公司9.69%的股份，成为奔驰母公司戴姆勒的第一大股东。

2019
- 标致雪铁龙PSA和菲亚特克莱斯勒FCA合并，组建全球第四大汽车集团。

项目二　世界汽车品牌简史

一、特斯拉

1. 品牌介绍

2003年7月1日，马丁·艾伯哈德（Martin Eberhard）与马克·塔彭宁（Marc Tarpenning）合伙成立特斯拉（TESLA）汽车公司，总部设在硅谷。特斯拉汽车公司的名字是根据19世纪末20世纪初的一位科学家尼古拉·特斯拉（Nikola Tesla）的名字而来的，这位科学家在电力学和电磁学上作出了巨大的贡献。特斯拉Tesla汽车公司延续了这位伟人的科学理念，全心打造拥有独特的造型、高效的加速、良好的操控性能并且是世界上最节省燃料的车子。

2. 品牌创始人

马丁·艾伯哈德

马克·塔彭宁

埃隆·马斯克

图2-119　品牌创始人

马丁·艾伯哈德（Martin Eberhard，见图2-119），1960年5月15日出生于美国加利福尼亚州的伯克利，毕业于伊利诺伊大学香槟分校。马丁·艾伯哈德从小就非常热衷于跑车，但同时对于美国石油对中东的进口依赖以及对于全球气候变暖也有着深刻的担忧，这最终促使他与马克·塔彭宁（Marc Tarpenning）于2003年共同创办硅谷第一家汽车公司：特斯拉，并成为公司第一任首席执行官（CEO）。

马克·塔彭宁（Marc Tarpenning，见图2-119），出生于美国加州首府萨克拉门托，1985年毕业于美国加州大学伯克利分校（UC Berkeley）并获得计算机学士学位。特斯拉公司的联合创始人和第一任首席财务官（CFO）。

埃隆·马斯克（Elon Musk，见图2-119），1971年6月28日出生于南非的行政首都比勒陀利亚（现名：茨瓦内），本科毕业于宾夕法尼亚大学，获经济学和物理学双学位。现任太空探索技术公司（SpaceX）CEO兼CTO、特斯拉公司CEO、太阳城公司（SolarCity）董事会主席。

3. 品牌标志

特斯拉车标（图2-120）中"T"意指物理学家尼古拉·特斯拉，也就是特斯拉公司的命名来由。还有另一层意思，代指的是特斯拉电动机的横截面。其中，字母T的主体部分代表的是电机转子的一部分，而T字上方的圆弧代表的则是电机定子的一部分。

图2-120　特斯拉标志

4. 品牌特色与经典车型

全球首款量产版电动敞篷跑车，由坐落于美国加利福尼亚州硅谷的Tesla Motors生产。这是第一辆使用锂电池技术每次充电能够行驶320 km以上的电动车。该项世界纪录（501 km）也是由Roadster在2009年10月27日澳洲举办的Global Green Challenge上创下的。特斯拉开发的第一款车Roadster（图2-121），是在莲花汽车公司（Lotus）的Elise跑车基础上开发。

图2-121　Tesla Roadster

特斯拉自动驾驶

笔记

067

二、菲斯克

1. 品牌介绍

菲斯克汽车有限责任公司（Fisker Automotive）是一家美国汽车制造商，成立于2007年，总部位于加利福尼亚州阿纳海姆，初创时期将为顾客提供手工打造的超级跑车作为主营业务。公司第一个产品是菲斯克 Karma，它是世界上第一批插入式混合动力电动汽车之一。菲斯克在2013年11月宣布破产，并于2014年2月被中国汽车零部件巨头万向集团收购。2015年9月30日，它宣布将公司名称改变为菲斯克汽车。

2. 品牌创始人

亨利克·菲斯克（图2-122）出生于1963年8月，1989年毕业于美国加州艺术学院瑞士分校，菲斯克汽车公司CEO。作为设计师，他先后在宝马、福特担纲设计师一职，其代表作品包括阿斯顿·马丁DB9、阿斯顿·马丁V8 Vantage、Fisker Karma以及BMW Z8等车型。在2009—2012年间，设计师出身的亨利克·菲斯克把设计和营销作为业务核心，但没有找到得力的合作伙伴。由于亨利克·菲斯克在经营策略方面与管理层出现了较大的分歧，作为公司创始人的他于2013年3月辞去了CEO一职。

图2-122 亨利克·菲斯克

3. 品牌标志

菲斯克车辆的标志（图2-123）是汪洋大海搭配旭日的图形效果，寓意以设计为主的汽车公司蒸蒸日上的愿景。

图2-123 菲斯克标志

4. 品牌特色与经典车型

Fisker Karma（图2-124）动力是由一台涡轮增压2.0 L发动机和一套锂离子电池组组成，这台2.0 L涡轮增压发动机可以爆发出191.23 kW功率，而后置的电动马达更是可以释放296.41 kW功率和1 300 N·m的惊人扭矩，完成0～100 km/h加速的时间为5.8 s。在240V电压下，Karma充电6 h可以达到满电状态；混合动力模式下，Karma百公里油耗仅3.6 L。

图2-124 Fisker Karma

三、赛恩

1. 品牌介绍

赛恩（Scion）创始于2002年，是北美丰田（Toyota Moto Sale, U.S.A.简称TMS）继Toyota、Lexus之后，旗下所拥有的第三个品牌，专注于汽车市场服务。

TMS赋予赛恩全新的品牌生命，赛恩代表的是个人化汽车时代的来临，通过全新设立的经销体系，每一位车主将有机会体验到赛恩精心设计的个性化购车流程，以及买到一部与众不同的个性化赛恩汽车。赛恩品牌主要车型有xA、xB、tC、FR-S以及xD。

2. 品牌创始人

吉姆·法利（Jim Farley，图2-125）1962年出生，在华盛顿哥伦比亚特区的乔治城大学获得经济学和计算机科学学士学位，并在加州大学洛杉矶分校获得工商管理硕士学位（MBA），吉姆·法利（Jim Farley）于1990年加入丰田汽车战略规划部门，负责多款产品在美国及欧洲地区的市场定位。在他众多耀眼的成绩中，最为突出的是成功推出丰田汽车赛恩品牌。

2007年11月吉姆·法利（Jim Farley）加入福特汽车，此前他曾任丰田汽车的豪华品牌——雷克萨斯集团副总裁兼总经理，全面负责销售、市场及

图2-125 吉姆·法利

客户满意度的相关活动。在这之前，他担任丰田汽车集团市场副总裁，负责整个丰田汽车集团的市场策划、广告、经营、促销、奖励和互联网销售活动。

3. 品牌标志

赛恩的含义从英文意思上理解，意为子孙、后代。它将以一个独立的、极具特色的产品阵容以及新的销售理念来迎合未来新车用户的胃口。同样，它的名字还有一个含义，亦是作为丰田品牌的后代来继续丰田汽车的造车哲学（图2-126）。

图2-126　赛恩标志

4. 品牌特色与经典车型

xA是赛恩所推出的第一款迷你5门掀背小车（图2-127）。以利落流线的外形与腰线，打造出极具动感的造型，并透过夸人的轮拱折线，来打造出其小型钢炮风格的造型。而从头至尾一气呵成的侧面弧形腰线，让车辆在视觉效果上更显低沉，加上豪放狂野的水箱护罩造型，战斗气息因而发散。车室内使用类金属饰皮，并将车门饰板、中控台、座椅包覆的材质做一体化处理，打造风格独具的车室氛围，并以透明材质构成中央扶手内的置物空间，加以灯光照射，视觉满分。值得一提的是，xA不仅风格鲜明，实用性亦是兼备。

xA有年轻化的6种车色，可供消费者选择，搭配的是可输出79.43 kW的1.5 L自然进气发动机。

图2-127　赛恩xA

四、阿波罗

1. 品牌介绍

阿波罗跑车是德国奥迪汽车公司生产的一款运动跑车，该车由贡佩尔特负责设计，每年制造销售50辆至60辆。

2. 品牌创始人

贡佩尔特（Roland Gumpert，图2-128），1944年出生于西里西亚，现任爱驰汽车首席产品官CPO，并兼任德国子公司爱驰恭博汽车有限公司CEO，前奥迪工程师，曾任奥迪运动部门的负责人，参与了奥迪Quattro四驱系统的开发。2004年，Roland Gumpert基于自己对完美汽车的理解，创建了以自己名字命名的汽车品牌Gumpert，任Gumpert创始人和常务董事。

图2-128　贡佩尔特

3. 品牌标志

Gumpert Apollo标志（图2-129）是一头展翅飞翔的狮鹫，狮鹫传说中为众神之神宙斯，太阳神阿波罗以及复仇女神涅梅西斯拉动战车的神兽。以狮鹫为形象，充分诠释了Gumpert Apollo作为知名跑车品牌该具有的战斗气息。

图2-129　Gumpert标志

4. 品牌特色与经典车型

"阿波罗"运动跑车配有奥迪汽车公司制造的478 kW的涡轮增压发动机，该发动机能够在3 s内将汽车从静止状态加速到100 km/h（图2-130）。但是，这不是一般意义上的超级汽车，它不像许多超级汽车那样舒适，驾驶室很简朴，像一个工匠的作坊，在紧凑的方向盘周围，排布着许多用碳和铝制造的控制装置。

阿波罗配备奥迪478 kW双增压发动机，从0到100 km/h为3 s，0到200 km/h为8.9 s，最高车速360 km/h，可见阿波罗这款两个增压器起到了至关重要的因素。

图2-130 阿波罗跑车

请选择2000年后的一个汽车品牌，制作一份品牌发展史简图。

一、填空题

1. 奥迪这个品牌属于_____公司。

2. 丰田汽车公司由_____在_____年创立。在中国的合资企业有_____和_____。

3. 宝马汽车公司是_____（国家）公司。

4. 世界上唯一研发和生产转子发动机的公司是_____汽车公司。

5. 雪铁龙这个品牌诞生于_____年，创始人为_____国人安德烈·雪铁龙。

6. 法拉利这个品牌现属于_____公司。

7. 本田汽车公司由_____在_____年创立。

8. 西雅特这个品牌属于_____公司，其中托列多（Toledo）品牌采用的是德国的_____技术。

9. 世界三大跑车制造商是莲花、_____和_____。

二、请完成表格中的相关信息

汽车品牌	所属国家	创始人	创立时间	经典车型	旗下品牌/所属公司
菲亚特					
雷诺					
欧宝					
斯柯达					
标志					
梅赛德斯-奔驰					
福特					

续表

汽车品牌	所属国家	创始人	创立时间	经典车型	旗下品牌/所属公司
别克					
雷克萨斯					
讴歌					
英菲尼迪					
smart					
兰博基尼					
福特野马					
现代					
博速					
特斯拉					
菲斯克					
赛恩					
阿波罗					

三、简答题

1. 是什么车标？其含义是？
2. 丰田喜一郎对汽车工业的两大贡献是什么？
3. 是什么车标？其含义是？
4. 请说明smart标志的含义。
5. 请简要谈谈福特汽车的车标故事。

四、讨论题

1. 请选择一个你喜欢的汽车品牌的经典车型，介绍它的相关信息。
2. 请简要说明斯柯达的品牌名称由来。
3. 请简要说明雷克萨斯的品牌名称由来。
4. 请简要说明特斯拉的品牌名称由来。
5. 请搜集资料，说明为什么凯迪拉克汽车被誉为古老的传承者。

项目三　中国汽车品牌简史

项目导入

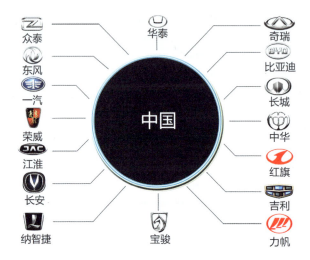

制造中国人自己的汽车，张学良、李宜春、汤仲明，国难之中挺身而出，只为实践工业强国梦想；解放、红旗、东风、上海、裕隆，自主研发、艰苦创业，奋力书写着民族振兴的篇章。中国制造，一部中国汽车工业成长壮大的传奇。一个个自主品牌，从诞生开始就把目标瞄准全世界最大的汽车市场。曾经的幼稚产业，如今创造着让世界惊讶的发展速度。中国，正在成为引领世界汽车发展的强劲动力。中国创造，将会缔造一个全新的汽车未来。

> **温馨提示**
> 本项目中汽车品牌介绍以其在中国诞生时间为序。

任务一　回顾中国汽车发展史

知识目标：
1. 了解我国汽车发展的三个阶段。
2. 熟悉我国汽车品牌。
3. 了解我国汽车发展历史的重大事件。

能力目标：
能自行绘制中国汽车品牌发展史简图。

项目三 中国汽车品牌简史

思政目标：
1. 激发学生爱国热情，培养学生家国情怀。
2. 宣传中国精神、中国力量和中国速度。
建议参考学时：2学时。

笔记

任务描述

自20世纪90年代轿车进入普通百姓家庭开始，发展的速度让人无法想象。这不仅说明了我国的经济实力不断增强，人民生活水平大幅度提高，更反映出民族汽车工业的巨大进步。在那段漫长曲折的发展历程中，哪些汽车品牌涌现了出来，将在这个任务中一一体现出来。

任务实施

环节	对应项目	具体程序
1	准备工作	场地准备：5人一组，对应数量的课桌椅、多媒体设备，必要文具 资料准备：教材、典型车型的图片、搜集的资料
2	前提条件	（1）每组设一名组长，由组长负责组织 （2）了解中国汽车品牌相关知识
3	操作过程	（1）每一组派一个代表介绍本组搜集的资料 （2）根据自己的理解绘制中国汽车品牌发展史简图
4	后续工作	各小组互相交流、评价

知识链接

一、中国汽车从无到有

1901年，旅居上海的匈牙利人李恩时从香港运来了两辆"奥兹莫比尔"牌汽车（图3-1），汽车在诞生16年之后，终于驶上了中国内地。当时，李恩时也许并没有意识到，这一举动成了中国汽车历史的开端。

1928年12月，张学良宣布东北改旗易帜，接受南京国民政府的领导。东北军工企业辽宁迫击炮厂厂长李宜春提出将军工生产转为民品生产，得到张学良将军的赞同，遂将迫击炮厂更名为民生工厂。民生工厂计划研制载货汽车，张学良拨款75万元支持该计划。民生工厂决定以美国"万国"牌汽车为样本，制造两种型号的载货汽车：一种为75型，装载量2t，适用于城镇；另一种为100型，装载量为3t，适用于路况较差的地区。

1931年5月，中国第一辆国产"民生"牌75型载货汽车（图3-2）问世。这辆车采用47.81 kW 6缸汽油发动机，液压制动，装载量1 816 kg，最高时速64 km。除少数重要部件委托国外依图纸代制以外，其余均为自制。

1931年，汤仲明的"木炭车"（图3-3）诞生了。他亲自驾驶汽车进行首次行驶实验。实验证明，每加一次木炭汽车可行驶4 h，速度达到40 km/h，每公里消耗木炭0.5kg，价值仅是汽油的十分之一。

1956年7月13日，中国人自己制造的第一辆汽车——"解放"牌载货汽车从长春一汽总装线上盛装下

图3-1 "奥兹莫比尔"牌汽车

图3-2 "民生"牌75型载货汽车

073

线（图3-4），中国的汽车工业从此开始起步，开启了中国汽车工业滔滔不息的源头。六十几年的风风雨雨，中国汽车工业经历了从自力更生到打开国门，从寻找合资到最后民族自主品牌的逐渐成熟，从无到有、从小到大、从诞生、成长到成熟螺旋式的发展历程。

图3-3　汤仲明的"木炭车"

图3-4　我国第一辆"解放"牌载货汽车

二、中国汽车工业发展的三大阶段

1. 自主造车（1956年—1984年）

与"解放"载货汽车一样，中国汽车工业在诞生伊始就被打上了浓重的时代烙印。起步初期的中国汽车工业是按照苏联模式发展起来的，有较高的起点——因为在当时中国的汽车工业几乎是空白。

1953年7月15日，第一汽车制造厂在吉林省长春市动工兴建。

1965年，在湖北十堰筹建二汽。但二汽的建立并没有解决经济模式一直给中国汽车工业所带来的制约问题。

在这一时期，中国的轿车工业也曾昙花一现，有过短暂的繁荣。1958年，一汽相继生产了"东风"（图3-5）、"红旗"（图3-6）两款轿车。同年，北京汽车制造厂研制的"井冈山"轿车、上海生产的"凤凰"轿车，作为庆祝共和国10周年的礼物而相继面世。但是，轿车产业的发展并没有因此蓬勃起来，而是由于种种原因被遏制在襁褓之中。从1958年到1983年，中国轿车用了25年的时间年产量才突破5 000辆。

图3-5　第一辆东风牌轿车

图3-6　国产第一批红旗高级轿车

1978年以后，中国汽车工业迎来新的发展契机。当时的中央政府开始重新思考中国汽车工业的发展思路，汽车工业也因此注入了新的活力。考虑到当时民族汽车工业的技术落后，中央政府开始鼓励民族汽车厂商和国外汽车巨头接触。1978年，美国通用汽车董事长墨菲先生来华考察中国的汽车工业。随后，国家开始组团赴德、美、日等汽车工业发达国家考察，并开始商谈合资事宜，中国汽车由此向世界汽车工业敞开了大门。图3-7介绍的是这一阶段诞生的部分汽车品牌。

2. 借船出海（1984年—1997年）

1984年以前，技术、资金、人才等很多发展的瓶颈毫无疑问制约了中国汽车工业的发展，利用外资来发展我国的汽车工业在此时被推到了历史的前台。1984年1月15日，中国汽车的第一个中外合资企业——北京吉普（图3-8）诞生。1985年3月，中德合资轿车生产企业——上海大众汽车有限公司成立，上海大众（图3-9）的成立意味着真正意义的现代汽车工业的开始。同年，南京汽车引入意大利菲亚特的依维柯汽车，广州和法国标志合资项目也成立，桎梏了几十年的轿车工业的能量开始井喷。

在1986年的六届四次人大会议上，汽车工业作为国家重要的支柱产业被写进了"七五计划"。到1994年，轿车产量已经超过25万辆，上海大众这个单一轿车生产企业逐渐超越了一汽、二汽，成为中国轿车企业的领头羊。

1987年，国家在缜密研究了中国未来轿车工业的发展道路之后，确定了"三大三小"的总体格局，轿

年份	标志	说明
1956年		一汽（FAW）生产出中国第一辆汽车——解放牌载货汽车
1958年	BAW，北京汽车制造厂，越野世家、军工品质	红旗，国产第一批高级轿车　　 新红旗，让理想飞扬
1963年		上海汽车 第一台手工打造的百姓轿车
1968年		江铃（JMC），1997年与福特成功推出中国第一辆中外联合开发的汽车——全顺
1969年		东风，前身是"第二汽车制造厂"，1992年更名为东风汽车公司
1973年		昌河，起始于军工企业"军民结合"，1995年开始走中外合资道路
1980年	哈飞，中国微型车制造、研发的奠基者和先行者	江南，2007年被众泰控股集团收购，2008年推出江南奥拓"经典"
1983年		长安（重庆） 前身是上海洋炮局（1862年）
1984年	长城，中国最大的SUV、皮卡制造商，中国首家香港H股上市的整车汽车企业	长安商用草帽标，现已他用

图 3-7 自主造车阶段诞生的部分汽车品牌

图 3-8 第一批切诺基下线

图 3-9 第一辆 CKD 组装的桑塔纳下线

车工业开始向规模化方向发展。1990年，中国轿车工业的三大基地进一步调整，上海汽车工业总公司成立。

1994年，是中国汽车史上值得纪念的一年。在这一年国家出台了《汽车产业发展政策》。虽然其中有很多局限，但是国家开始对汽车产业的发展方向进行了重新定位，其中重要的是把汽车和家庭联系起来。家庭轿车市场孕育多年的潜能被无限放大，中国轿车工业的春天开始到来。图3-10介绍的是这一阶段诞生的部分汽车品牌。

汽车文化

年份		
1984年	北京吉普，2015年改制为北京奔驰·戴姆勒·克莱斯勒汽车有限公司	
1985年	上海大众 中国真正意义的现代汽车工业的开始	
1986年	夏利，1986年9月30日第一辆夏利下线，1997年8月28日走自主之路，2018年停产	
1988年	海马，致力于中国民族汽车工业的发展	金龙客车（厦门）致力于向全球展现自主品牌实力
	双环汽车，曾拥有两大知名自主品牌：双环和红星	川汽野马，专注SUV
1989年	五菱汽车，2002年商标及品牌全部授权给上汽通用五菱股份有限公司	金杯，中国唯一一个以品牌名称代表一个品类的商用车品牌
1992年	汇众 致力打造国际汽车底盘平台集成能力　　 金旅客车 厦门金龙旅行车有限公司中国客车行业主力军　　 卡威汽车 截至2019年底江苏省唯一一家自主品牌整车企业　　力帆 中国第一家上市A股的民营乘用车企业	
1994年	天马，前身系中国人民解放军87491部队空军直属汽车改装厂，1994年军直企业下放地方，公司军用产品广泛服务于我军部队	
1995年	东南，海峡两岸合资汽车企业	
1996年	福田，中国汽车行业自主品牌和自主创新的中坚力量，汽车行业标准的制定者之一	
1997年	春兰重卡 2008年被江苏徐工收购	安凯客车 客车智能时代引领者

图3-10　借船出海阶段诞生的部分汽车品牌

项目三 中国汽车品牌简史

3. 自主创新（1997年至今）

国外汽车巨头在中国取得成功的背后是中国汽车工业自身的巨大牺牲。在中国，还没有哪一个行业像汽车工业一样如此依赖于合资模式，中国汽车工业的飞速发展并没有如期望的那样带来汽车产业竞争力的提升。由于缺乏自主的品牌和关键技术，研发能力低，国内汽车产品的核心技术大多数掌握在合资企业手中，没有话语权。"拿市场换技术"的传统合资模式开始受到质疑。

中国自主汽车品牌企业正是在这样的暗流中涌动，1997年3月，奇瑞公司在安徽成立，成为我国自主汽车品牌的新生力量。中国汽车自主品牌在夹缝中求生存，并逐渐壮大。截至2019年底，形成了以吉利汽车、长城汽车、比亚迪汽车等为头部企业的庞大自主品牌群。从一穷二白到风头正盛，自主品牌用二十几年的时间走完了国外品牌几十年的道路。纵向来看，这段时间主要可分为四个阶段：1997—2000年是萌芽期，2001—2008年是平稳发展期，2009—2018年为高速发展期，2019年进入变革期。

（1）萌芽期 主要生产家庭用车的汽车品牌，比如吉利、奇瑞、长城等等。图3-11所示为该阶段诞生的部分汽车品牌。

1997年

吉利，自主品牌，专注实业、技术创新和人才培养的全球化企业，公司成立于1986年

奇瑞，自主品牌，坚持自主创新，连续几年中国乘用车出口第一

福汽新龙马微车系自主研发品牌

1998年

海格客车（HIGER）俗称苏州金龙

1999年

江淮汽车，中国自主汽车品牌，国内首家专利过万的车企，新能源汽车先驱

中兴（皮卡），中国第一辆具有自主知识产权国产品牌皮卡车的诞生地

2000年

宝龙，致力于打造中国改装车第一品牌和中国最安全特种车

华泰，自主品牌车企，以新能源汽车业务为核心

南京金龙，2011年重组为开沃汽车

华晨中华，中高档自主汽车，拥有全部自主知识产权

图3-11 萌芽期诞生的部分汽车品牌

（2）平稳发展期 2001年，汽车产品由"目录"审批改为"公告"制。图3-12所示为该阶段诞生的部分汽车品牌。

笔记

年份		
2002年	黄海（汽车），与"曙光"车桥同属曙光汽车集团的两大"中国名牌产品"	江铃驭胜，江铃和福特的合资自主产品，专注于SUV、MPV等乘用车跨界领域

2003年

比亚迪，公司成立于1995年，2003年进入汽车行业，同时布局新能源产业　　南汽新雅途经济型轿车为主　　广汽吉奥，2010年12月开创国企、民企合作先河，拓展自主品牌　　众泰，2007年重组江南，2012年起自主创新，新能源汽车的先行者之一

2007年 （位于上行）

2004年 陆风汽车，江铃控股旗下自创品牌，长期雄踞越野车赛事的领导地位

2005年 名爵（MG），源自英国的汽车品牌（1924年），以生产著名的MG系列敞篷跑车而著名。2005年被南京汽车集团有限公司收购，2007年4月纳入上汽集团旗下轿车品牌。目前产品在中国国内和国际同时销售

2006年

 一汽奔腾，2018年10月启用的新LOGO，自主品牌中高级轿车　　 青年莲花，青年汽车集团和宝腾汽车的合作产品，2017年破产清算　　 荣威，上汽集团国际化的自主品牌　　 知豆ZD，专注微型电动汽车，中国最早进入新能源汽车领域的企业之一

2007年 江特·九龙汽车 致力于成为中国商务车专家

图 3-12　平稳发展期诞生的部分汽车品牌

（3）高速发展期　2008年的北京奥运会，掀开了中国经济发展的又一轮高潮。自主品牌们的发展百舸争流，大浪淘沙。2008年到2018年，有些品牌已然树立潮头，有些品牌正在悄然消失，有些品牌将创造未来。图 3-13 所示为该阶段诞生的部分汽车品牌。

2008年　 理念（Everus） 广汽本田自主研发品牌　　 吉利全球鹰，吉利乘用车子品牌，主要生产清洁新能源动力汽车

2009年　 开瑞汽车，奇瑞旗下品牌之一，致力于制造精品汽车，成为家商兼用汽车的领跑者

2010年

 长安金牛星 长安曾经的高端微客品牌　　 广汽传祺 广汽乘用车　　 北京汽车 北汽集团旗下乘用车企业

启辰（Venucia）
合资自主品牌

宝骏汽车，上海通用五菱
的自主乘用车品牌

2011年

恒天汽车，致力于皮卡和SUV
细分市场，2014年重组

吉利帝豪
吉利乘用车子品牌

思铭（Ciimo）
东风本田自主品牌

纳智捷
海峡两岸智慧的结晶，自主品牌

观致
2007年公司成立，2011年
品牌创立

2012年

腾势（DENZA）
比亚迪与戴姆勒共同投资的新能源汽车品牌

2013年

朗世
一汽丰田合资自主品牌
主要开发纯电动汽车

汉腾汽车
民营自主品牌，主打SUV、
MPV和轿车等乘用车

长江EV
致力于新能源
电动汽车研发

华骐
东风悦达起亚旗下
合资自主品牌

哈弗
长城汽车子品牌，
中国SUV全球领导者

之诺
华晨宝马之诺，打造
属于中国的高档汽车品牌

2014年

小鹏
专注于针对一线城市
年轻人的互联网电动汽车

凯翼汽车（COWIN）
致力于打造年轻人喜爱的
智能互联汽车

游侠
首家独立自主研发制造
纯电动汽车的科技型企业

2015年

裕路
东风裕隆新能源
汽车全新子品牌

云度（YUDO）
专注于纯电动
SUV产品的开发

威马（新标）
国内新兴的新能源汽车
产品及出行方案提供商

蔚来
致力于打造全球化的
智能电动汽车品牌

电咖汽车
中国第一部智能互联新能源
汽车的创造者

江铃新能源
致力于成为纯电动乘用车研发
制造与绿色出行领域的专家

图 3-13

笔记

前途（QIANTU）
造车之上，创造纯电驾趣
领志汽车（LEAHEAD）
广汽丰田的自主品牌，
主要生产跑车
理想
原名“车和家”，2019年3月更名，
增程式智能电动车
2016年
奇点汽车（SINGULATO）
全新智能电动汽车
魏派（WEY）
第一款以创始人姓氏命名的中国汽车品牌，
树立中国豪华SUV的旗帜与标杆
LYNK&CO
领克
合资新时代高端品牌，为个性
开放的都市人群而生
ARCFOX
追求极致性能与创新设计的高端智能
新能源汽车品牌
2017年
TRAUM
君马汽车
众泰集团发布的面向年轻家庭的全新自主汽车品牌
2018年
哪吒
合众汽车旗下产品品牌，致力于
成为智能网联新能源汽车的领先者
欧尚汽车
长安汽车集团全新乘用车品牌，致力于
为中国“大家庭”提供驾乘品质用车

图 3-13　高速发展期诞生的部分汽车品牌

（4）变革期　在 2019 上海车展，既有吉利几何 A 和广汽 Aion S 这样成熟的纯电动车，也有理想 ONE 这样的亮眼之作。拼搏中求生存的自主品牌们，对未来的嗅觉更为敏锐。因为对他们而言，未来只有两个选择：发展或是淘汰。图 3-14 所示为该阶段诞生的部分汽车品牌。

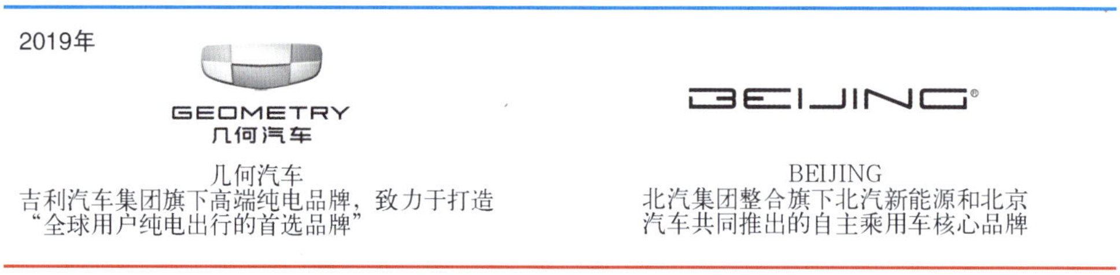
2019年
GEOMETRY
几何汽车
几何汽车
吉利汽车集团旗下高端纯电品牌，致力于打造
“全球用户纯电出行的首选品牌”
BEIJING
BEIJING
北汽集团整合旗下北汽新能源和北京
汽车共同推出的自主乘用车核心品牌

图 3-14　变革期诞生的部分汽车品牌

走合资道路有其历史原因，但是自主品牌、自主创新才是中国汽车工业的终极目标。当下自主品牌要面对的是市场增速放缓，产业政策逐步收紧排放标准。然而，中国仍然是全球第一大汽车市场。在电动车领域，自主、合资几乎同一跑道；在车载智联方面，自主品牌更加开放。跟全球汽车巨头相比，中国自主品牌的单个体量仍然较小。

项目三 中国汽车品牌简史

笔记

任务二　见证民族品牌的崛起

任务书

知识目标：
1. 能阐述一汽、东风和上汽等汽车公司的发展概况。
2. 知道常见的合资品牌。
3. 了解崛起的民族品牌。

能力目标：
能准确识别国内自主品牌的标志。

思政目标：
1. 培养学生的爱国情怀和民族自豪感。
2. 培育学生社会主义核心价值观。

建议参考学时：2学时

任务描述

中国成为全球第一大汽车市场之后，国内自主汽车品牌肩负着由"中国制造"向"中国创造"转型的使命，长期以来，中国车市呈现合资品牌占据中高端市场，自主品牌在低端市场打拼的格局，双方的界限比较清晰。随着我国汽车市场爆发式增长，双方的界限越来越模糊，在汽车消费市场持续旺盛的今天，我国民族汽车企业已开始向中高端汽车市场发力。通过对民族品牌汽车公司的了解，分析民族汽车在未来的发展方向、前景。

任务实施

环节	对应项目	具体程序
1	准备工作	场地准备：5人一组，对应数量的课桌椅、多媒体设备、必要文具 资料准备：教材、著名人物、著名公司等相关资料
2	前提条件	（1）每组设一名组长，由组长负责组织 （2）了解中国民族品牌相关知识
3	操作过程	（1）每一组派一个代表介绍本组搜集的资料 （2）选择一个民族品牌汽车公司介绍其发展史、品牌群、重要人物等
4	后续工作	各小组互相交流、评价

知识链接

一、中国第一汽车集团有限公司

中国第一汽车集团公司简称"中国一汽"或"一汽"（图3-15），总部位于长春市，前身是第一汽车制造厂（图3-16）。一汽1953年奠基兴建，1956年建成并投产，制造出新中国第一辆解放牌卡车。1958年制造出新中国第一辆东风牌小轿车和第一辆红旗牌高级轿车。一汽的建成，开创了中国汽车工业新的历史。经过六十多年的发展，已经成为年产销300多万辆级的国有大型汽车企业集团。在2019年《财富》杂志世界500强名单中排名第87位。

中国汽车发展简史

081

汽车文化

笔记

图 3-15　中国一汽标志　　　　　图 3-16　中国一汽旧厂址

中国一汽旗下品牌众多，有一汽轿车、一汽大众等（图 3-17）。

图 3-17　中国一汽旗下品牌

1. 红旗

1958 年，"红旗"牌轿车诞生。从此，红旗成为国家领导人和国家重大活动的国事用车（图 3-18）。改革开放之后，红旗不断向市场化、商业化的方向迈进。

图 3-18　红旗第一辆高级轿车和第一辆阅兵车

2018 年 1 月 8 日，中国一汽发布新红旗品牌战略，决心把新红旗打造成为"中国第一、世界著名"的新高尚品牌，满足消费者对新时代"美好生活、美妙出行"的追求，成功地肩负起历史赋予的强大中国汽车产业的重任。

最新推出的位置全新品牌标志将替代原来的金葵花标志（诞生于 1964 年）（图 3-19），新标志出现在方向盘、轮毂等（图 3-20）。其理念来源于迎风飘扬的红旗，象征奋进向上的红旗精神。采用金色与红色的搭配，体现中国特色和精致；对开的红旗寓意红旗品牌旗开得胜；并以经纬线条展现万物互联的新时代（图 3-21）。

红旗车标

　　旧　　　　　新　　　　　　　　
图 3-19　红旗新旧车标　　　　图 3-20　新标志位置

082

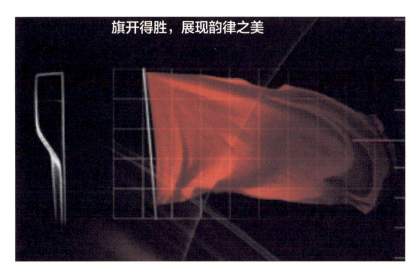

打开振兴之门，踏上成功之路

经纬阡陌纵横，品牌万物互联

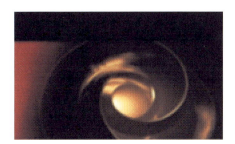

红金经典搭配，凸显深邃意境

黄金分割比例，精致工艺铸造

图 3-21　红旗新标含义

新红旗采用全新家族设计语言，以"尚·致·意"为关键，畅情表达、充分演绎"中国式新高尚精致主义"的设计理念。未来，新红旗家族将包括 L、S、H、Q 四大系列产品（图 3-22）。其中：L 系列为新高尚红旗至尊车；S 系列为新高尚红旗轿跑车；H 系列为新高尚红旗主流车；Q 系列为新高尚红旗商务出行车。

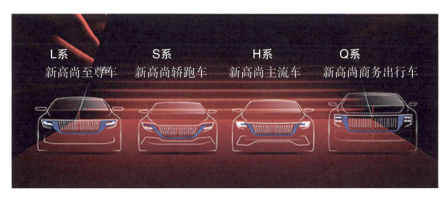

图 3-22　新红旗家族

2. 奔腾

奔腾品牌创立于 2006 年 5 月 18 日。创始车型奔腾 B70（图 3-23）作为国内第一款高起点、高品质、高性能的自主品牌中高级轿车，将中国自主乘用车事业拓展到一个新的高度，并由此开启了一汽奔腾自主发展的崭新篇章。

2018 年 10 月 17 日，一汽奔腾发布"新奔腾"品牌发展战略，并正式启用全新设计的奔腾新标志"世界之窗"（图 3-24）。"世界之窗"的核心元素"1"来源于第一汽车，代表着奔腾品牌的历史与传承。英文标识"BESTUNE"由"BEST"和"TUNE"共同组成："BEST"象征着最好、最高、最适合，代表着新奔腾品牌为用户提供顶级标准的产品和服务的美好心愿；"TUNE"是节奏，是旋律，是潮流，伴随青春的节奏、运动的旋律、时代的潮流，消费者向往的汽车生活新篇章从此展开。

图 3-23 奔腾 B70　　　　　　　图 3-24 奔腾图标（左旧右新）

二、东风汽车集团有限公司

东风汽车集团有限公司（简称"东风公司"）是中央直管的特大型汽车企业，总部位于"九省通衢"的江城武汉。东风公司于 1969 年创立于湖北省十堰市，前身是"第二汽车制造厂"，1992 年更名为东风汽车公司。2005 年成立控股子公司东风汽车集团股份有限公司，在香港联交所挂牌上市。2017 年完成公司改制，更名为东风汽车集团有限公司。

图 3-25 东风企业标志（左）、产品标志（右）

东风历史的丰碑

东风公司是个乘商并举的"东风"品牌大家族，详见表 3-1 所示。东风公司的"企业品牌"与"产品品牌"是相同的标志（图 3-25），其全新的内涵——展翅高飞的双燕：勤奋、灵动、志远；滚滚车轮：代表汽车产品和出行服务；诠释核心价值："品质"与"智慧"双燕飞舞，形似太极，寓意"和悦"。

表 3-1 东风品牌大家族

产品类型	品牌					
乘用车	东风风神	东风风行	东风悦达起亚	东风本田	东风标致	东风雪铁龙
	东风雷诺	东风启辰	东风英菲尼迪	东风裕隆	东风日产	
商用车	东风品牌	华神品牌	乘龙品牌	合资品牌		
新能源	东风风神	东风风行	东风悦达起亚	轻卡	东风华神	东风超龙
	东风俊风	东风纯电动				
特种车	东风	防务市场	越野系列			
		安保市场	军转民系列			
		军选民市场	军选民系列			
零部件	产品范围涉及商用车、乘用车，涵盖汽车所有系统					

东风自主品牌乘用车已形成东风风神、东风风行、东风风光、东风启辰等多个子品牌齐头并进、协同发展的格局，产品涵盖轿车、SUV、MPV、CUV 等各类车型，覆盖高级、中级、经济型等各个级别；商用车涵盖重、中、轻、微、特全系列；新能源汽车涵盖纯电动、插电式混合动力、燃料电池等多个系列，纯电动车续航里程达到行业领先水平；把握汽车产业与互联网融合发展趋势，前瞻布局智能网联汽车，

建立了车联网品牌 WindLink，无人驾驶乘用车和商用车已分别达到了 L3 和 L4 水平。东风自主品牌销量跨越百万辆，位居行业第三位，其中商用车位居行业第一位。创新出行服务模式，汽车分时租赁平台"东风出行"已上线运行。

三、上海汽车集团股份有限公司

上海汽车集团股份有限公司（简称"上汽集团"）主要业务包括整车（含乘用车、商用车）的研发、生产和销售，正积极推进新能源汽车、互联网汽车的商业化，并开展智能驾驶等技术研究和产业化探索；零部件（含动力驱动系统、底盘系统、内外饰系统，以及电池、电驱、电力电子等新能源汽车核心零部件和智能产品系统）的研发、生产、销售；物流、汽车电商、出行服务、节能和充电服务等移动出行服务业务；汽车相关金融、保险和投资业务；海外经营和国际商贸业务；并在产业大数据和人工智能领域积极布局。

上汽集团所属主要整车企业包括乘用车公司、上汽大通、上汽大众、上汽通用、上汽通用五菱、南京依维柯、上汽依维柯红岩、上海申沃等（表3-2）。

表 3-2　上汽集团品牌馆

四、中国长安汽车集团有限公司

中国长安汽车集团有限公司（简称"中国长安"，图3-26），成立于2005年12月26日，原名中国南方工业汽车股份有限公司，2009年7月1日更名为中国长安汽车集团股份有限公司，2019年4月更为现名。

中国长安坚持以五大发展理念和三大变革为指引，以南方集团领先发展战略为统领，统筹发展整车、汽车零部件、销售与服务、物流等业务板块，形成了比较完善的产业链。拥有20家二级企业，包括长安汽车、江铃汽车、东安动力、湖南天雁4家上市公司。

图 3-26　中国长安汽车集团有限公司标志

重庆长安汽车股份有限公司（以下简称"长安汽车"）为整车板块主要企业。长安汽车源自1862年，1983年进入汽车领域，是唯一一家向合资企业输入产品的自主汽车企业（表3-3）。同时与福特、马自达、铃木、标致雪铁龙等国际知名汽车生产商开展深入合作（图3-27）。先后推出CS系列、睿骋系列、逸动系列、悦翔系列、欧诺、欧力威、欧尚等一系列经典产品，部分产品质量超过合资产品水平。

表 3-3　长安汽车品牌架构

序号	整车品牌	标志	适用车型
1	AB汽车		中高端乘用车 全新自主
2	长安汽车	长安汽车	乘用车 时尚质感智能

续表

序号	整车品牌	标志	适用车型
3	欧尚汽车		乘用车 家用舒适
4	凯程汽车		智慧物流 商用车

图 3-27 长安汽车合资品牌

五、北京汽车集团有限公司

北京汽车集团有限公司（简称"北汽集团"，图 3-28）是中国汽车行业的骨干企业，成立于 1958 年，总部位于北京。目前已发展成为涵盖整车及零部件研发与制造、汽车服务贸易、综合出行服务、金融与投资、通用航空等业务的国有大型汽车企业集团，位列 2019 年《财富》世界 500 强第 129 位。

自 1958 年北京汽车制造厂生产出第一辆自主研发汽车——"井冈山"牌轿车以来，北汽集团先后自主研制生产了中国第一代轻型越野车 BJ212 和第一代轻型载货车 BJ130（图 3-29），建立了中国汽车工业第一家整车制造合资企业——北京吉普汽车有限公司，中国加入 WTO 以后第一家整车制造合资企业——北京现代汽车有限公司，以及全面深化战略合资合作的典范——北京奔驰汽车有限公司。

图 3-28 北京汽车集团有限公司标志

第一辆"井冈山"轿车

第一代轻型越野车 BJ212

第一代轻型载货车 BJ130

图 3-29 北京汽车早期自主产品

北汽集团旗下拥有北京汽车、北汽越野车、昌河汽车、北汽新能源、北汽福田、北京现代、北京奔驰、北汽通航、北汽研究总院等知名企业与研发机构。

北汽集团构建了围绕新能源乘用车、商用车（含专用车）及出行配套延伸服务的新能源汽车生态圈，并致力于开创北汽集团全面新能源化发展新格局。

新能源商用车：北汽福田欧辉客车拥有全系列节能及新能源客车产品，在纯电动、混动、燃料电池三大方向同步发展，覆盖物流、邮政、分时租赁、市政环卫、机场用车、公务车 6 大市场领域。

新能源乘用车：北汽新能源公司自2009年成立以来，聚焦电池、电控、电驱动、轻量化、智能网联（图3-30）5个技术方面，目前北汽新能源已拥有BEIJING和ARCFOX两大产品品牌（图3-31），EC/EV/EX/EU/ES/EH六大系列数十款产品，构建了汽车与能源、互联网、AI人工智能产业融合发展的新生态、新格局。

图3-30　北汽智能网联发展战略

图3-31　北汽新能源两大品牌

六、吉利控股集团

始建于1986年的吉利控股集团（ZGH，图3-32）是一家全球化企业，总部位于中国杭州，于1997年进入汽车行业（图3-33）。目前，已发展成为一家集汽车整车、动力总成、关键零部件设计、研发、生产、销售及服务于一体，并涵盖出行服务、线上科技创新、金融服务、教育、赛车运动等业务在内的全球型集团。此外，吉利还稳健推进全球创新型科技企业的建设，逐步实现汽车制造商向移动出行服务商转变。

吉利控股集团旗下拥有吉利汽车、领克汽车、沃尔沃汽车、Polestar、宝腾汽车、路特斯汽车、伦敦电动汽车、远程新能源商用车、太力飞行汽车、曹操专车、荷马、盛宝银行、铭泰等众多国际知名品牌（图3-34）。各品牌均拥有各自独有的特征与市场定位，相对独立又协同发展。

图3-32　吉利集团标志

图3-33　吉利生产的第一辆车

几何汽车

汽车文化

笔记

吉利控股集团还是沃尔沃集团第一大持股股东，戴姆勒股份公司第一大股东。2020年1月8日吉利控股与梅赛德斯–奔驰正式成立Smart品牌全球合资公司，开发下一代高端电动Smart车型。

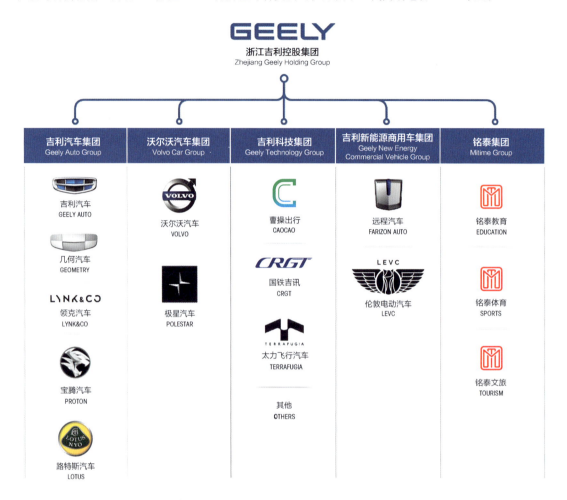

图3-34　吉利集团业务板块分布

七、长城汽车股份有限公司

长城汽车股份有限公司（以下简称"长城汽车"）是全球知名的SUV、皮卡制造商。旗下拥有哈弗、WEY、欧拉和长城皮卡四个品牌（图3-35），产品涵盖SUV、轿车、皮卡三大品类，具备发动机、变速器等核心零部件的自主配套能力。2018年7月10日，长城汽车与宝马（荷兰）控股公司正式签署了合资经营合同，合资成立光束汽车有限公司。在国内市场，SUV车型、长城皮卡已连续多年保持销量领先。在海外市场，长城汽车是第一批走出国门的中国汽车企业，1998年即已实现出口，主要出口车型包括SUV、皮卡，目前已完成60多个国家和地区市场布局。

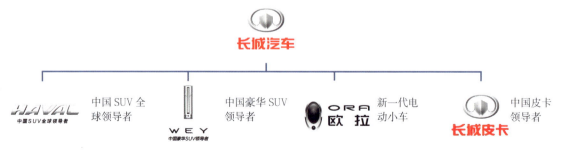

图3-35　长城汽车品牌

2019年12月18日，世界最权威的汽车杂志之一的德国《汽车周刊》报道了一篇最新豪华车创新调查的数据，其中奔驰创新能力排名第一，奥迪和宝马紧随其后，特斯拉名列第四，中国豪华品牌WEY品牌首次入榜。这是WEY首次登上豪华车创新前十五排行榜，更是首个上榜的中国品牌。

八、比亚迪股份有限公司

比亚迪成立于1995年2月，经过20多年的高速发展，已在全球设立30多个工业园，实现全球六大洲的战略布局。比亚迪业务布局涵盖电子、汽车、新能源和轨道交通等领域（图3-36），并在这些领域发挥着举足轻重的作用，从能源的获取、存储，再到应用，全方位构建零排放的新能源整体解决方案。

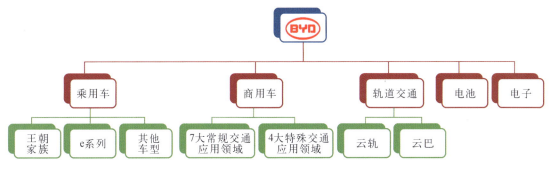

图3-36　比亚迪业务分布

1. 比亚迪的创新

（1）汽车创新　比亚迪是全球率先同时拥有电池、电机、电控三大新能源核心技术的车企。其中，电池2018年产能达到28 GW·h，是全球领先的动力电池生产者。它拥有高性能车型系列——542（5：百公里加速低于5 s；4：全时电四驱；2：百公里油耗低于2L）、BYD DM Ⅱ 双模技术、双向逆变充放电技术、五星安全基因等创新点。

（2）轨道交通创新

自主知识产权："云轨"（图3-37）属于跨座式单轨的一种，是比亚迪轨道交通产品子品牌。

图3-37　云轨

无人驾驶技术："云轨"的无人驾驶技术具有全自动运行、安全追踪距离间隔小、自动诊断、休眠唤醒、客流自动检测、人脸识别等功能。当外部供电中断时，自动切换车载动力电池供电，在无人驾驶模式下，驱动车辆安全运行至车站。

信号系统："云轨"的列控系统具有自主知识产权，并通过欧标SIL4级安全认证。

转向架："云轨"转向架采用单轴设计，具有曲线通过能力强、转弯半径小、轮胎磨损小、能耗低等特点。通过采用转向架与车体内嵌配合的设计及调节二级悬挂系统，"云轨"具有更大的乘坐空间。

储能系统："云轨"搭载再生制动系统，制动时可回收电能，节约运行能耗；同时搭载储能电池，紧急断电情况下，可通过启用电池继续行驶3 km以上，确保乘客安全到站。

（3）电池创新　比亚迪动力电池目前应用车型超过40款，涵盖乘用车、商用车、专用车等领域，引领新能源产业发展；储能备用电源通过了核级认证，新能源创新硅胶双玻组件在全球率先获得TüV莱茵认证。

（4）电子创新　从材料研发、成型技术、表面处理技术等各方面，比亚迪为电子产品提供专业的、客制化甚至领导工业设计变革的工艺与方案。如PMH、7系高强度铝合金、复合材料、微缝天线、高光阳极、纳米着色、3D玻璃、金属玻璃一体化、结构陶瓷（图3-38）等。

2. 比亚迪的设计

2019年6月25日，比亚迪全球设计中心在深圳正式落成，自此开始实现将设计变成比亚迪全新"杀手锏"

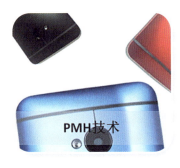  

图 3-38　电子创新技术

的目标。中心以全球视野进行布局，专注于前瞻性设计，为比亚迪产品提供国际化的设计视野和元素。实际上，近几年，比亚迪王朝系列中很多车型都采用了 Dragon Face 家族设计语言，中国"龙"的精髓的运用也为这些车型赋予了更多的中国元素（图 3-39）。

龙爪元素的运用　　　　　　　　　　龙鳞元素的运用　　　　　　　　　　龙脊元素的运用

图 3-39　"龙"精髓在车中的运用

比亚迪首届 E-SEED GT 汽车设计大赛展开，吸引了众多设计爱好者参与，他们以 E-SEED GT 概念车设计理念为核心，创造出了自己心目中的未来 E-SEED GT 外形（图 3-40）。

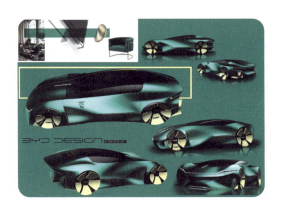

图 3-40　比亚迪首届 E-SEED GT 汽车设计大赛获奖作品

成熟的汽车强国，汽车品牌经过激烈的竞争，最终只会剩下两三个实力最强大或是资本市场尤为青睐的潜力股汽车集团。比如德国有戴姆勒、宝马、大众三足鼎立，日本有丰田、本田、日产成为产业支柱，美国则有克莱斯勒、福特和通用。2019 年是中国汽车市场最残酷的一年，很多企业面临倒闭或者重组。据行业内人士猜测，十年后的自主品牌整体大致可分成四个梯次：第一梯队鏖战群雄，拥有与国际大厂正面抗衡的实力，第二梯队独善其身，第三梯队与前面两个集团形成结盟，第四梯队则合并或保留生产资质沦为其他品牌的代工厂。到底谁能笑傲江湖，让我们拭目以待……

知识链接

中国汽车业名人：

饶斌
（1913—1987）
新中国汽车工业的创始人，主持了一汽、二汽的建设工作。

孟少农
（1915—1988）
汽车工程专家，中国科学院学部委员。毕生致力于汽车工业建设事业，是新中国汽车工业技术的主要奠基人。

李书福
（1963—）
吉利集团（中国第一家生产轿车的民营企业）、中国最大民办大学（北京吉利学院）创始人，中国改革开放杰出贡献者。

王传福
（1966—）
比亚迪股份有限公司创始人，人称"技术狂人""汽车狂人"，是个敢颠覆敢干的冒险家。

中国汽车名人

项目测评

一、填空题

1. 中国人自己制造的第一辆汽车——_____于_____年_____月_____日下线。
2. 中国汽车的第一个中外合资企业是_____，诞生于_____年1月。
3. 1994年，国家出台的_____把汽车和家庭联系起来。
4. 新中国诞生之前_____和_____也为中国汽车工业作出了贡献，产品分别是"民生"牌75型载货汽车和_____。
5. 北汽集团旗下定位为自主品牌生产基地的是_____，其自主品牌有_____和北汽绅宝，合资品牌有北京奔驰、_____、_____等。
6. 长安汽车旗下合资品牌有_____、_____、_____和长安马自达等。
7. 20世纪60年代末，_____造就东风"中国军车第一品牌"的荣耀与自豪。_____年，圆形双飞燕标志正式注册，_____年"二汽"更名为"东风"。

二、简答题

1. 中国汽车工业发展经历了哪三个阶段？
2. 请列出8种国产商用车品牌。
3. 请列出8个我国自主品牌。
4. 请列出10个新能源汽车品牌。
5. 中国五大汽车集团有哪些？
6. 中国一汽红旗车标的含义？
7. 中国自主三大汽车民企是哪几个？总结一下各自的特点。

三、综合题

1. 挑选一个自主汽车民企简述其发展历程。

2. 你最佩服哪位中国的汽车名人？简述一下他的主要成就吧。

3. 一汽解放始终坚持走自主发展道路，将"解放"打造成为最知名的民族汽车品牌之一。目前，一汽解放拥有6大品牌，请查阅资料后完成下表填写。

序号	品牌	具体内容
1	企业品牌	
2	产品品牌	
3	技术品牌	
4	服务品牌	
5	公益品牌	
6	生态品牌	

4. 查阅资料，选择吉利集团的任何一个角度（如发展史、子集团、子品牌、故事等）制作一份PPT跟大家分享。

5. 请至少列出5个已倒闭或被收购的品牌。挑选1～2个搜集其相关资料，并分析原因。

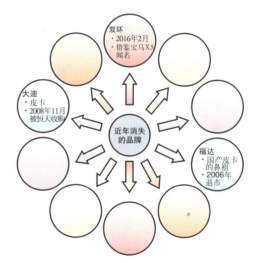

项目四 汽车外形艺术

项目导入

轿车造型设计在不同的社会发展时期,不同的国度具有不同的历史、文化背景。汽车的艺术形象可以说会折射出一个社会和时代的特色,也将反映一个国家科学技术、文化水平和民众素质。成功的汽车造型应该是顺应时代潮流的大趋势下,很好地体现民族性和国情,还会形成一种社会时尚。

任务一 欣赏汽车造型百年的演变

知识目标:
1. 了解汽车外形的三个基本要素。
2. 了解车身造型的发展史。
3. 了解车身造型的特性。

能力目标:
1. 能熟知车身造型在不同品牌车型上的应用。
2. 能对汽车车身造型进行简单分析。

思政目标:
1. 培养学生的人文艺术素养。
2. 激发学生创新创业、实践探索的热情。

建议参考学时:1学时。

百年来汽车造型千变万化,通过观看车身造型的发展史,学会分析车身造型的特性,能总结出汽车外形的三个基本要素。

环节	对应项目	具体程序
1	准备工作	场地准备：5人一组，对应数量的课桌椅、多媒体设备，必要文具 资料准备：教材、笔记本、收集汽车造型百年演变的典型车型、车身造型的发展史资料的搜集
2	前提条件	（1）每组设一名组长，由组长负责组织 （2）了解车身造型的发展史
3	操作过程	（1）每一组派一个代表介绍本组搜集的资料 （2）选择一个国家分析其车型典型特点
4	后续工作	各小组互相交流、评价

一、车身造型的发展

1. 原始的箱型车身

世界上第一部汽车的车身与马车的形状没有区别，还无车身外形设计可言。1886年由德国工程师戴姆勒设计的汽车，车身只是一个马车篷。此后，随着乘坐舒适性的要求，车身上加装了挡风板、挡泥板等构件。1915年，福特T型车（图4-1）问世以后便出现了"箱型车身"。车身由简陋的帆布篷发展为带有木质框架的箱型车身，由此预示着车身外形设计的开端。

后来的汽车又造出散热器罩、发动机通风口和轮罩上的豪华装饰件，箱型车变得越来越漂亮了，如1928年的奥斯汀12型汽车（图4-2）。

图4-1 福特T型车

图4-2 1928年的奥斯汀12型汽车

然而，箱型车身空气阻力大，在当时只是简单地依靠加大发动机的功率来克服空气阻力。增加动力必须增加发动机的缸数，于是出现了像1928年奔驰汽车这样的外形（图4-3）。

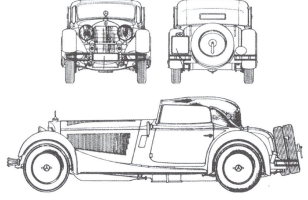
图4-3 1928年的奔驰汽车

2. 体现空气动力学原理的甲虫型车身

对箱型车而言,在前风窗玻璃、车顶,特别是汽车后部产生涡流而形成的形状阻力占有很大的比例。1934年密执安大学的雷依教授发现:流线型的车身空气阻力最小,能够产生高速度。其合理性显而易见,所以马上被用于大量生产的汽车上。

图4-4 克莱斯勒·气流牌轿车

1934年生产的克莱斯勒·气流牌轿车(图4-4),是最早的流线型汽车。1936年生产的高级林肯和风牌轿车(图4-5),又前进了一步,精心设计了散热器罩,使之更为精练,具有动感。然而,真正达到减小空气阻力这一目的的,要算1935年问世的貌似甲虫的大众甲壳虫汽车(图4-6)。大众甲壳虫汽车最大限度地发挥了甲虫造型的长处,车身蒙皮采用整体冲压,既轻便又坚固,工艺性好,整个设计空前完美,有极强的生命力。流线型汽车的大量生产就是从大众开始的,它使流线型车身成为当时社会追求的一种时髦样式。

图4-5 林肯和风牌轿车

图4-6 大众甲壳虫汽车

然而,甲虫型车的缺点也是显而易见的。与箱型车相比,乘员的活动空间明显地变得狭小,特别是后排乘员,头顶上几乎没有空间,产生一种压抑感。另外一个致命的缺点是对横向风的不稳定性。此外,这种车型外形近似甲虫,给人以臃肿笨拙的感觉。因此,具有流线型的甲虫车的生命力不强。

3. 引入人体工程学的船型车身

第二次世界大战后,福特公司开辟了车身设计的新天地,在1949年福特V8上应用了船型车身(图4-7)。以前的车身设计者往往脱离发动机、悬挂装置等机械原理,单凭艺术上的美感和迁就其他机械装置来设计外形。而福特公司强调以人为主体的设计思想,让设计师置身于驾驶员及乘员的位置来构思便于操纵、乘坐舒适的汽车。也就是把战争中发展起来的人体工程学引入车身设计,采用了将整个车室置于前后两轮之间的设计方法,前方为发动机机室,后方为行李舱。这样的设计非常接近于船的造型,所以称为船型汽车。

船型车与甲虫型车的最大区别在于前翼子板处理方法的改变:船型车的前翼子板与发动机罩形成一体,后翼子板与行李舱也成一体,车身侧面从前到后成为一个面,从而减小了侧面的形状阻力。同时,在不增加车宽的情况下,扩大了车内空间,也改变了后方视野。

船型汽车的后部因增加了行李舱而形成阶梯状,虽然比起甲虫型车身会产生一些涡流,但这绝不是空气动力性能的倒退,而是巧妙地发挥了箱型车和甲虫型车的长处,克服了缺点,使人体工程学和空气动力学成功地结合在车身造型上。

令人吃惊的是船型车身从1949年问世到现在已经过了70多年的考验,这种车身外形本质上并没有发生什么变化,足以证明这种平直的外形是十分优秀的。中国的红旗牌轿车(图4-8),就是典型的船型造型。

图4-7 1949年福特V8

图4-8 红旗牌轿车

4. 趋于完美的鱼型车身

船型车的尾部过分地向后伸出，并形成阶梯状，虽然不如箱型车那么严重，但还是会产生空气涡流。于是，将其后风窗逐渐加大倾斜以改变阶梯状，倾斜的极限即为苗条的鱼型（图4-9），现在所说的快背式（或斜背式）就是鱼型车的典型。

鱼型车是流线型的，甲虫型车也是流线型的，但鱼型并非是过去的流线型的复活，而是以更深的科学研究为基础的新一代流线型。

鱼型车身比甲虫型车身低、长、美观，具有鲤鱼的造型，它横截面积小，所以迎风阻力小，形状阻力也小。其次，鱼型斜背式汽车的后座处于后桥的前方，后座的摇摆小；由于后座低，后方视野也好。鱼型的斜背式是一个平滑的曲面将车顶后缘与行李箱盖连接起来，因此容积大。

5. 理想的楔型车身

人们长期追求的汽车流线型的美，发展到鱼型获得了空气阻力最小的型式，这已被人们所公认。但同时却产生了更棘手的难题，这就是升力问题。经过种种努力，人们将车身整体向前下方倾斜以有效地克服升力，于是出现了能很好地抑制升力的楔型车身。

楔型对于目前所考虑的高速汽车，已接近于最理想的造型。但这种车身的后方视野不够好，它成了楔型车能否实用化的焦点。赛车可以单纯考虑空气动力学问题，完全按楔型造型。最典型的是1968年莲花牌赛车（图4-10）。

图4-9　1960年的法拉利400

图4-10　1968年莲花牌赛车

最早在安全高速的基础上设计出来的楔型车，是1963年的司蒂倍克·阿本提小客车。遗憾的是它诞生于船型车兴盛时期，没有被人们所接受。

20世纪70年代和80年代是楔型造型近于全盛的时期。这一时期的车型的特点是把散热器罩做成横宽形，上下很窄，发动机罩向前倾斜，加高发动机舱的高度。1978年兰博基尼康塔什跑车就是这样的结构（图4-11）。

理想形状的楔型车，当速度达到200km/h时，车身后部也会产生若干升力，何况小客车尾部不能"砍"得太狠。因此，产生了"鸭尾"造型。"鸭尾"的原理：沿车顶流动的空气，遇到"鸭尾"，产生向下的作用力，使后轮的地面附着力增大，特别是后轮驱动高速行驶时效果更加明显。因为这种造型是卡姆教授发现的，所以又称"卡姆尾"。1994年法拉利250 LM就有这样的卡姆尾（图4-12）。

图4-11　1978年兰博基尼康塔什跑车

图4-12　1994年法拉利250 LM

6. 探索中的贝壳型轿车

始于1976年的贝壳型轿车是各国汽车造型师们探索和设计的一种轿车车型，这种车型的主要特点是气动性能最优，在车身纵、横向轮廓形状及截面积沿纵向按照一定合理规律圆滑渐变，整个车身十分光顺，造型更加新颖。在绚烂纷繁的各类车身造型中，贝壳型（图4-13）正成为主旋律。

图4-13　1976年贝壳车型CNF

二、汽车车身造型体现的特性

1. 时代性

轿车造型设计在不同的社会发展时期，不同的国度具有不同的历史、文化背景。20世纪初，美国生产的汽车完全以实用、坚固、方便为目的，形象朴素，不拘泥于细节，无多余的装饰。这种美国式的实用主义设计思想，完全与大规模生产相适应，形成了美国21世纪初轿车造型的主要特征。

20世纪60年代，"太空热"使轿车倒向清一色的宇宙色——银灰色，汽车驾驶舱部模仿宇宙飞船的风格。总的风范仍是大型、豪华，以随线条为主，注重装饰。

20世纪80年代，在尽情享受了奇异形态带来的乐趣后，理智再度复归，轿车设计体现出一种单纯、科学的现代美。虽然也提倡某种装饰，但是，其主要目的是更好地体现功能，更加符合人性。

2. 民族和地域性

一部好车通常让人在一眼之间就能看出它出自哪个国家的哪家厂商之手，换句话说，每个国家的制造商们都会尽可能在汽车设计、加工制造、工艺技术中打下民族文化的烙印。

美国国土辽阔，地势平坦，高速公路四通八达，资源极其丰富，所以美国生产的汽车外形宽大，功率也大，加速性能好，油耗也高，如林肯、卡迪拉克。

英国在设计改良方面堪称先驱。他们反对机械化生产，崇尚手工制品和自然植物纹样的设计，因此，轿车造型趋于保守的式样，热衷于装饰。

德国主张轿车的设计必须把功能放在首位，符合科学原理，具有良好的功能，适合机械化生产，反对装饰和雕琢，明确提出设计的目的是为了人。因此，在大量设计中采用直线与几何形体，创造了一种严谨、科学、理性的汽车造型风格。

法国是现代艺术的发祥地，轿车造型也是标新立异。

意大利是文艺复兴的发源地，意大利人热情奔放、爱开快车，轿车造型注重实践和个人技艺的发挥，其造型和色彩都洋溢着热情浪漫的艺术情调。

日本国土狭窄，人口集中，资源稀缺，人们精打细算，讲究效率，造出的汽车精巧耐用，品质优良，油耗低。

3. 汽车品牌个性化

历史悠久的厂家，在汽车外形上也都保持着自己的风格和特点，劳斯莱斯、奔驰、宝马、保时捷、法拉利等汽车厂商在各时代的作品中都传承了原有的某些造型特点和风格。

在汽车的众多品牌中，文化品位理念的定位个性明确。宝马强调"驾驶的乐趣"，沃尔沃强调"耐久安全"，马自达强调"可靠"，绅宝体现"飞行科技"，尼桑表现"美观"，本田表现"跑车的外观造型"，丰田强调"经济与节能"，菲亚特表现"精力充沛"，奔驰、林肯、劳斯莱斯、卡迪拉克则体现"高贵、王者、显赫、至尊"，而中华则强调"稳重扎实"。

4. 艺术性

一个成功的汽车艺术造型既体现着一个国家、民族的风格和人文素质，也是集美学、科学技术完美结合的工艺品。造型已成为世界各大汽车厂商树立形象、创造品牌、争夺市场的重要因素，一个汽车产品的声誉越来越取决于其美学造型的影响。

汽车造型设计是车身设计的最初步骤，是整车设计最初阶段的一项综合构思。汽车造型设计要根据汽车整体设计的多方面要求，塑造最理想的车身形式，汽车造型最终通过车身结构设计而体现为产品，它是科学技术与艺术手法相结合的产物。轿车是高度人性化、个性化的商品，其造型设计尤为重要。

三、确定汽车外形的三个基本要素

确定汽车外形有三个基本要素，即机械工程学、人机工程学和空气动力学。前两个要素在决定汽车构造的基本骨架上具有重要意义，特别在设计初期，受这两个要素的制约更大。

1. 机械工程学

作为汽车，最主要的是能够行驶和耐用，首先必须考虑到机械工程学的要素，包括发动机、变速器内部结构设计。要使汽车具有行走功能，必须安装发动机、变速器、车轮、制动器、散热器等装置，而且要考虑把这些装置安装在车体的哪个部位才能使汽车更好地行驶。这些设计决定之后，可根据发动机、变速器的大小和驱动形式确定大致的车身骨架。如果是大量生产，则要强调降低成本，车身钣金件冲压加工的简易化，同时兼顾到维修简便性，即使发生撞车事故后，车身要易于修复。上述这些都属于机械工程学的范畴。

2. 人机工程学

因为汽车是由人驾驶的，所以必须保证安全性和舒适性。首先应确保乘员的空间，保证乘坐舒适，驾驶方便，并尽量扩大驾驶员的视野。此外，还要考虑上下车方便并减少振动。这些都是设计车身外形时与人机工程学有关的内容。

3. 空气动力学

以上两个要素决定了汽车的基本骨架，也可以说是来自汽车内部对车身设计的制约。在确定汽车外形的时候，来自外部的制约条件即空气动力学要素则显得尤为重要，特别是近年来，由于发动机功率增大，道路条件改善，汽车的速度显著提高之后。

高速行驶的汽车，肯定会受到空气阻力。空气阻力的大小，大致与车速的平方成比例增加。因此，必须在车身外形上下功夫，尽量减少空气阻力。空气阻力分为由汽车横截面面积所决定的迎风阻力和由车身外形所决定的形状阻力。除空气阻力外，还有升力问题和横风不稳定问题。这些都是与汽车造型密切相关的空气动力学问题。

汽车设计到量产的过程

汽车设计是一件复杂的事情，汽车不是单纯的艺术品，它要有漂亮的外表和吸引人的个性特征，同时它还要能安全可靠行驶，这就需要整个设计过程融入各种相关的知识，如车身结构、制造工艺要求、空气动力学、人机工程学、工程材料学、机械制图学、声学和光学知识，还需要诸如绘画、雕塑、色彩感等艺术技能。

在市场调研阶段中确定新车型的市场定位及初步工艺、成本等基本信息之后，便进入新车的概念设计阶段。

一、概念车设计

概念车设计阶段的任务主要包括总体布置草图设计（图4-14）和造型设计两个部分。总体布置草图的主要内容包括：车厢及驾驶室的布置、发动机与离合器及变速器的布置、传动轴的布置、车架和承载式车身底板的布置、前后悬架的布置、制动系的布置、油箱、备胎和行李箱等的布置以及空调装置的布置。

图4-14 概念草图

二、造型设计

造型设计，包括外形和内饰设计两部分，这是汽车设计的重要环节之一。设计师为了快速捕捉创意和灵感设计草图。最初的设计草图也许只有几根线条，但是能够勾勒出造型的神韵，设计师通过大量的设计草图来尽可能多地提出新的创意。这个车到底是简洁还是稳重、是复古还是动感，都在此阶段一目了然。

经过不断修改之后就到了最后的效果图。效果图包括外观（图4-15）和内饰效果图（图4-16），内饰效果图详细描绘车内的各种细节和布局，加上必要的说明，这是未来制作模型的基础。

图4-15 外观效果图

图4-16 内饰效果图

三、油泥模型制作

在效果图的基础上，进行油泥模型制作。虽然历经数十年，制作油泥模型依然是汽车设计生产中的必要环节，这是一种类似橡皮泥的黏土，但是更加坚硬，成型后的细节需要用刀刮削才能完成。一般先制作比例小（如1∶5，图4-17）的油泥模型作为提案，以便对外观进行直观评估，通常由设计师亲自操刀，大约两三个月才能最后完工。

经过对1∶5提案模型的评估，决策层会选择一个或几个设计方案制作1∶1的油泥模型（图4-18），因为对尺寸、细节等方面要求非常严谨，这种全尺寸模型会由专业的模型师来制作。油泥模型也会喷漆以增加质感评估效果。

图4-17 1∶5油泥模型制作　　　　　图4-18 1∶1油泥模型制作

四、电脑设计

将模型放在测量台上，使用三维坐标测量仪测出它表面上足够多点的空间三维坐标，用这些数据就可以在电脑中建立三维模型。把测量出的数据输入电脑，就可以开始进行三维模型的制作，未来这些数据将用于控制数控机床。

五、样车试制阶段

工程设计是一个对整车进行细化设计的过程，各个总成分发到相关部门分别进行设计开发。具体包括（图4-20）总布置设计、车身造型数据生成、发动机工程设计、白车身工程设计（图4-19）、底盘工程设计、内外饰工程设计和电器工程设计，最终确认整车的设计方案。

图4-19　宝马Z4样车车身

图4-20　车身内饰

六、样车的试验

样车的试验包括两个方面：性能试验和可靠性试验。

1. 性能试验

性能试验是为了验证设计阶段中各个总成以及零部件经过装配后的整体性能能否达到设计要求，并根据及时发现的问题做出设计修改。试验阶段关乎新车的最终品质，如果在这个阶段没能及时发现问题便匆匆投产，将导致产品的先天不足以及新车的问题成堆。如风洞试验（图4-21）可测试汽车的空气动力学性能，获取风阻系数并积累空气动力学数据。还可以利用电脑软件模拟碰撞实验（图4-22）。

图4-21　风洞试验

图4-22　利用电脑软件模拟碰撞实验

2. 可靠性试验

可靠性试验是为了验证汽车的强度以及耐久性，包括汽车极端路面测试（图4-23），喷淋测试（图4-24），噪声测试（图4-25），长途稳定性测试等。严寒和酷热条件下测试，以保证汽车各部件，如灯、空调、音响、点火装置等，在极端条件下也可以正常工作。目前各大汽车厂家越来越重视真车碰撞试验（图4-26），及时发现汽车在安全上的问题，以便有针对性地对车身结构进行加强设计。碰撞试验通常主要包括正面碰撞、侧面碰撞和追尾碰撞。

图4-23　模拟不平路面测试样车的舒适性和稳定性

图4-24　喷淋测试

项目四　汽车外形艺术

图 4-25　噪声测试　　　　　　　　图 4-26　真车碰撞试验

七、新车量产

　　试验阶段完成以后，新车型的性能得到确认，产品最终定型。在确保小批量生产的产品3个月无重大问题的情况下，将正式启动量产。

　　投产启动阶段中，生产流程链、各种生产设备及生产线铺设等均已准备完毕，为新车的正式量产做好了准备。汽车在制造过程中主要分为四大工艺，分别为冲压工艺、焊装工艺、涂装工艺和总装工艺。经过各模块装配和各零部件的安装后再经过车轮定位、车灯视野检测等检验调整后，整辆车就可以下线了。

汽车设计到量产过程

参考下图，绘制一幅你心目中的理想汽车造型。

任务二　分析汽车色彩外形设计

知识目标：
1. 了解各色汽车的特点。
2. 了解色彩和色彩属性。
3. 了解汽车色彩的设计考虑因素。

能力目标：
1. 能熟知汽车设计大师的典型作品。
2. 能知道市场对不同汽车色彩的需求趋势。

思政目标：
1. 培养学生坚持不懈、刻苦钻研的劳动精神。
2. 提升学生的审美素养、陶冶学生情操。
3. 激发学生的创造创新活力。

建议参考学时：1学时。

汽车文化

消费者在购车时对车辆的颜色往往比较挑剔,人们对色彩的爱好各不相同,有人喜欢稳重的颜色,不出位;而有人喜欢个性的颜色,希望更时尚,大家都希望选择一款有着自己喜欢的颜色的车型。通过观赏各色汽车,学会分析各色汽车的特点,再结合汽车设计对颜色的考虑,掌握一套选择最适合自己的颜色的本领。

环节	对应项目	具体程序
1	准备工作	场地准备:5人一组,对应数量的课桌椅、多媒体设备,必要文具 资料准备:教材、笔记本、搜集的资料
2	前提条件	(1)每组设一名组长,由组长负责组织 (2)每组对自己统计的汽车颜色汇报
3	操作过程	(1)每组派一个代表介绍本组搜集的资料 (2)选择一种汽车颜色分析其优缺点
4	后续工作	各小组互相交流、评价

一、各色汽车的特点

银色是最能反映汽车本质的颜色。看见银色使人想起金属材料,这种颜色给人感觉整体感很强。美国杜邦(Dupont)公司的调查结果显示,银色汽车(图4-27)最具人气,也最具运动感。

白色给人以明快、活泼、大方的感觉。白色是中间色,容易与外界环境相吻合而协调;白色车身(图4-28)较耐脏,路上泥浆或污物溅上干后不易看出;白色是膨胀色,容易使小车显大;白色车相对中性,对性别要求不高。

图4-27　银色荣威550　　　　　　　　　图4-28　白色C60F

黑色是一种矛盾的颜色,既代表保守和自尊,又代表新潮和性感,给人以庄重、尊贵、严肃的感觉。黑色也是中间色,是公务车最受青睐的颜色,高档车黑色气派十足(图4-29),但低档车最好不要选用黑色,除非标新立异。

红色包括大红、枣红,给人以跳跃、兴奋、欢乐的感觉。红色是放大色,同样可以使小车显大(图4-30)。高速公路上的红色跑车,在阳光下感觉如同一团火焰掠过,非常提神。红色是别致又理想的颜色,跑车或运动型车非常适合。

蓝色是安静的色调,让人感觉非常收敛,如同星球的深邃和大海的包容,但蓝色不耐脏(图4-31)。

图 4-29　黑色红旗 CA77X

图 4-30　红色比亚迪 F3R

图 4-31　蓝色奇瑞 A1

黄色给人以欢快、温暖、活泼的感觉。黄色是扩大色，在环境视野中很显眼，跑车选用黄色非常适合（图 4-32），小型车用黄色也非常适合。出租车和工程抢险车都使用黄色，一是便于管理；二是便于人们及早地发现，可与其他汽车区别。

绿色有较好的可视性，是大自然中森林的色彩，也是春天的色彩。绿色的金属漆也一改以前冰冷的色调（图 4-33），以温暖的面貌出现。

图 4-32　黄色的名爵（MG TF）吉利美人豹

图 4-33　绿色的长城 M2

二、了解色彩和色彩属性

色彩可分为有彩色和无彩色两大类。有彩色是指红、黄、蓝、绿等带有彩色的色彩。无彩色是指白、灰、黑等不带彩色的色彩。色谱如图 4-34 所示。

色彩具有三种属性，即色调、亮度和饱和度。

色调是颜色彼此相互区分的特征，不同波长可见光谱的辐射在视觉上表现为各种色调。如波长为 710 μm 的可见光谱为红色，波长为 590 μm 的可见光谱为黄色，波长为 530 μm 的可见光谱为绿色，波长为 470 μm 的可见光谱为蓝色。

亮度即色彩的明暗程度。高亮度的色彩对光的反射率大；低亮度的色彩对光的反射率小。

饱和度是指有彩色的纯洁程度。可见光谱的各种单色光是最饱和的有彩色。光谱色中掺入的白光成分越多，该色就越不饱和。

图 4-34　色谱

三、汽车色彩的设计考虑因素

汽车色彩的设计绝非随心所欲,一般要经过色彩研究、想象设计、色彩构成、用户评议、信息反馈、色彩初步确定、环境试验、色彩最终确定等一系列程序。在设计汽车色彩时,设计师主要从汽车的使用功能、使用环境、使用对象、安全性、流行趋势和公司品牌特性等方面考虑。

1. 要求符合汽车的使用功能

汽车在使用过程中,已经形成惯用色彩。例如,消防车采用红色,让人一看见就想到有火灾发生,因而赶紧避让。白色用于医疗救护车,是运用白色的洁白、神圣的联想含义。邮政车选择绿色,是因为绿色给人以和平、安全的感觉。军用车辆一般都为深绿色,使车辆与草木、黑色的沥青路面颜色相近,达到隐蔽安全的目的。工程车辆多采用黄黑相间的色彩,是运用黄色亮度高、醒目的特点,以引起行人和其他车辆注意。还有汽车在底色上采用有功能标志的图案,例如白色救护车上的红十字标志,冷藏车上的雪花、企鹅等图案。还有一些专用汽车其色彩应符合人们的传统习惯,贴近人们的思想感情。例如,殡仪车的色彩应具有肃穆、庄重的气氛,白色和黑色是最优选择。

对每一有彩色色彩都可找到另一有彩色色彩,两者以一定比例混合就可得到无彩色色彩。这样的两个有彩色色彩就称为互补色。互补色的色调对比强烈,很容易引起人的注意,有利于行车安全。黄橙和蓝紫为互补色,不少出租车就是利用其作为车身色彩以引起乘客注意(图 4-35)。

2. 汽车的使用环境

由于不同地区的光照射强度有差别,造成了人们对不同色彩的偏爱(图 4-36)。在美国,以纽约市为中心的大西洋沿岸的人们喜欢淡色,而在旧金山太平洋沿岸的人们则喜欢鲜明色。北欧的阳光接近发蓝的黄色,北欧人喜欢青绿色。意大利人喜欢黄色和红色,法拉利跑车全是红色。伊朗、科威特、沙特阿拉伯、伊拉克等国家禁忌黄色,却推崇绿色,认为绿色是生命之源。

图 4-35　互补色在出租车的应用

图 4-36　汽车与环境完美结合

3. 汽车的使用对象

由于各国、各地区、各民族的社会政治、经济、文化、教育以致生活习惯的不同,表现出人们的色彩观念也不同,都有自己偏爱和禁忌的色彩。

在中国,红色具有赤诚之意,又是幸福和喜庆的象征,例如红灯笼、红鞭炮、红喜字等,营造热烈、兴奋和喜庆的氛围。但是,在另外一些国家,如美国却认为红色是不吉祥的象征,常把红色视为巫术、死亡、流血和赤字。日本喜欢白色和红色,忌讳黑白相间色。拉丁美洲国家大多偏爱暖色调,在他们的客车上喜欢涂饰艳丽夺目的各式图案,或是临摹圣婴像,或是涂绘田园风景、花鸟等。南亚一些国家不喜欢黑色。非洲大多数国家忌讳黑色,而喜欢鲜艳的色彩。

4. 汽车的使用安全

汽车的行驶安全是与汽车的制动性、操纵稳定性等直接相关的,但也与汽车的色彩有一定关系。

在视觉上,颜色具有收缩性和膨胀性。如果有红色、黄色、蓝色、绿色共四辆车与观察者保持相同的距离,红色车和黄色车看上去要离观察者近一些,而蓝色和绿色的轿车看上去离观察者较远。不同的颜色,会产生体积大小不同的感觉。黄色感觉大一些,有膨胀性,称膨胀色;而同样体积的蓝色、绿色感觉小一些,有收缩性,称收缩色。此外,汽车颜色的深浅在不同光强条件下的反射效果也有很大的差异。清华大学汽车系和大陆汽车俱乐部(CAA)曾经对黑、蓝、绿、银灰、白 5 种不同颜色轿车的视认性和安全性做过试验研究。研究结果表明,深颜色的黑色车在清晨和傍晚时段光线不好的情况下,最难被肉眼所识别,而浅颜色的白色和银灰色则容易辨识,所以黑色车的颜色安全性较白色和银灰色车辆差,而绿色和蓝色车的颜色安全性居中。为提高安全性,雪地工程机械等多涂有黄色、橙色等颜色（图 4-37）。

根据大陆汽车俱乐部针对 5158 起交通事故的统计数据得到：黑色故障率最高，白色故障率最低。其他颜色故障率由高到低依次是：绿色、棕色、红色、蓝色和银灰色。

由此可知，从安全的角度考虑，汽车色彩最好选择浅颜色或膨胀色。银灰色车子不但看上去有品位，还是浅颜色中最能避免车祸的，特别是在晚上，因为这种颜色可以反射灯光，更容易令其他司机注意到。

汽车内饰的颜色选择也同样影响着行车安全，因为不同的内饰颜色对驾驶员的情绪具有一定的影响。内饰采用明快的配色，能给人以宽敞、舒适的感觉。夏天最好采用冷色，冬天最好采用暖色，可以调节冷暖感觉。暗色给人以重的感觉，明色给人以轻的感觉。红色内饰容易引起视觉疲劳，浅绿色内饰可放松视觉神经。

图 4-37　雪地工程车

5. 汽车的流行色彩

流行色彩是指在一定的时期内被人们广泛采用的颜色。汽车流行色彩有其自身的发展规律。新鲜感是流行色彩的原动力，如果总是感受同样的色彩，人们就需要新的刺激。大量的资料表明，汽车的流行色彩呈现周期性的变化，其新鲜感周期大约为 1.5 年，交替周期大约是 3.5 年。

艾仕得发布了 2019 年度《全球量产汽车色彩流行统计报告》，报告显示（图 4-38）最受欢迎的三大汽车色彩分别为白色（38%）、黑色（19%）和灰色（13%）。自 2011 年以来，白色一直稳居全球汽车色彩流行程度（市场占比）首位。而当年中国人最爱白车，北美人偏爱蓝车，欧洲人喜欢灰车。

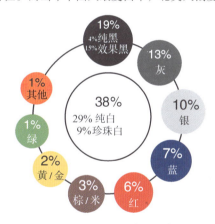

图 4-38　2019 汽车流行色

6. 汽车公司品牌个性需求

奔驰汽车公司有着悠久的历史，其市场定位为行政官员和成功人士打造，体现高贵、典雅、有魅力、舒适、安全可靠。从整体色彩来看，奔驰汽车色彩虽然比较丰富，但其彩度并不高，明度也不高，主要是以中明度灰色调为主，这类色彩带给人的感觉是高雅的、高贵的、舒适的。

奥迪轿车主要生产中、高档轿车及跑车，总体色彩是带给人舒适高雅的灰色调和带给人有视觉冲击力感受的鲜艳及明快的色调。其色彩既符合轿车的自身定位又满足了消费者的心理及视觉需求，也在一定程度上是顺应其企业发展需要，并且符合企业的理念。

从日本汽车色彩设计中我们可以找到共同点：汽车色彩基本采用低纯度和高明度的色调。如丰田汽车的色彩，总体色调偏暗，色相种类较多，饱和度低，且为中低纯度和中高明度色彩，带给人们的色彩感觉是轻轻淡淡、舒适宁静的感觉。

中国是一个拥有千年历史文化积淀以及具有其传统色彩的国家，我们民族品牌汽车，造车理念正在清晰。中国消费者 2019 年购车颜色里，白、黑、灰是最受欢迎的三种颜色，而且白色高达 57%。中国消费者偏爱现代、精致和干净的心理是如此显而易见。从心理学角度来看，选择主流的车身颜色的人，通常是循规蹈矩、办事稳重的人。选择这三种颜色的消费者在各年龄段都占有较大的比重。

认识几位汽车设计大师

一、汽车设计之父——哈利·厄尔

真正把汽车带进艺术殿堂的是一位美国人。在这座以智慧为穹顶、以创新为支柱的汽车殿堂里,哈利·厄尔(Harley Earl,1893—1969,图4-39)常被后人称作"汽车设计之父",是第一位将消费者与汽车紧密结合的汽车设计师。

哈利·厄尔用黏土做成车身模型,他这个新奇的做法引起了当时凯迪拉克总裁佛列得·菲雪的注意,邀请到通用汽车。哈利·厄尔进入通用汽车之后的第一项工作是为凯迪拉克设计一款入门级车型,厄尔与通用另一位汽车工程师合作,仅用3个月的时间就完成凯迪拉克LaSalle的原型车设计(图4-40)。

图4-39 哈利·厄尔

图4-40 凯迪拉克LaSalle

1937年他成为通用总裁,他将他原来所在的部门更名为造型部,以庆祝他创造了世界上第一台概念车——别克Y-JOB(图4-41)。厄尔的设计风格奔放、富于创新,开创了汽车设计中的高尾鳍风格。他对汽车设计的影响力达到了无人企及的地步,而通用汽车公司的设计部门也成了当时世界上最大的设计中心。

厄尔发明了概念车,创立了使用陶模设计汽车形状。厄尔领导设计团队创造了流线型空气动力现代车型,其中包括1948年的卡迪拉克、1953年的科尔维特和其他几款经典美国车型。他还在设计中作出了许多新的尝试,尾鳍和全景弯曲挡风玻璃就是其中的佼佼者。1951年别克LeSabre(图4-42)顺势而生,该车充满了凌厉气势,其灵感来自军刀(Sabre)战斗机。凹陷的椭圆形水箱格栅与喷气式飞机的进气口极为相似,LaSabre同样拥有漂亮的尾鳍,这也是20世纪50年代汽车设计的一大特色。

图4-41 别克Y-JOB

图4-42 1951年别克LeSabre

二、世纪设计大师——乔治亚罗

在世界汽车设计领域,被评为"世纪设计大师"的乔治亚罗(图4-43)来自意大利,毕业于都灵美术学院,17岁进入菲亚特汽车公司工作。后来,乔治亚罗加入了有着悠久历史的博通设计室,师从吕思奥·博通。在1968年,乔治亚罗和工程师曼托瓦尼创立了意大利设计公司Italdesign,主要给国际汽车生产商提供汽车样式、工艺和原型生产。

20世纪六七十年代，以美国车为代表的夸张造型达到了鼎盛时期，然而，世界经济遭遇了燃油危机。于是以乔治亚罗为代表的意大利车身设计界所倡导的朴实、简练、细腻、流畅的实用风格在国际上得到了很高的评价。1974年设计的玛莎拉蒂 Medici（图4-44）是当时实用风格的代表作。这款设计现在看来不见得新颖，但在当时却很有前瞻性。他的实用风格在量产的蓝旗亚 Thema（图4-45）上得到极致的发展，并影响了此后十年的汽车界，乔治亚罗也借此奠定了其大师级的地位。

作为"20世纪最佳设计大师"，乔治亚罗设计过很多的优秀的作品。据称，世界上现有2 500多款他设计的汽车在行驶着，除了一些著名的法拉利（图4-46）、阿尔法·罗米欧和蓝旗亚车型之外，还有大量菲亚特和奥迪（图4-47）等车型都是出自这位大师之手。

图4-43　乔治亚罗

图4-44　玛莎拉蒂 Medici

图4-45　蓝旗亚 Thema

图4-46　法拉利 250GT

图4-47　第一代奥迪80两门版

三、设计怪才——克里斯·班戈

克里斯·班戈（图4-48）于1981年毕业后即被德国的"欧宝"汽车公司雇用，开始了他汽车设计的生涯。他最早参与设计的产品是"小欧宝"（opel junior，图4-49），于1983年在德国法兰克福车展推出，获得了1984年的汽车设计大奖。

1984年—1992年间，班戈担任菲亚特设计中心外形部主任。他设计的菲亚特双座房车（fiat coupe，图4-50）和阿尔法·罗密欧145得到了整个汽车设计界的一片赞扬。

1992年—2009年担任宝马汽车公司集团设计总监。期间，班戈打破了宝马的设计传统，主导设计了宝马7系、5系、Z4。

第四代7系彻底颠覆了人们对BMW风格的认识，因为它完全打破了宝马的设计传统：体型大幅扩充的车身、奇怪的后备厢盖、美国味道浓厚的怀挡和极其复杂的i-Drive系统都是这一代宝马7系（图4-51）变化最显著的地方。

在宝马7系给人带来视觉冲击后，班戈利用"立体火焰"的手法造就第一代Z4长前悬短后悬、紧凑座舱的修长比例。宝马Z4（图4-52）也打破了宝马汽车一贯的沉稳设计风格，长而平滑的发动机舱盖、起伏的边缘及轮廓、衣襟褶皱般的线条带来了明暗的对比，造成了极佳的视觉感受。

图4-48　克里斯·班戈

图 4-49　小欧宝 opel junior

图 4-50　菲亚特双座房车（fiat coupe）

图 4-51　宝马 7 系

图 4-52　宝马 Z4

四、欧洲著名汽车设计师——彼得·希瑞尔

彼得·希瑞尔（Peter Schreyer，图 4-53）出生于德国巴伐利亚州的巴特赖兴哈尔，是全球汽车业设计领域最受尊重的权威人士，欧洲三大汽车设计师之一。

26 岁的时候，彼得·希瑞尔获得了奥迪奖学金，赴英国皇家艺术学院学习一年并获得硕士学位，随后他回到德国并进入大众汽车造型设计部门，先后设计了新甲壳虫（图 4-54）、大众 Concept T（图 4-55）、奥迪 A6、奥迪 TT 系列等多款车型。在这段时间，彼得一步步走上奥迪设计总监的位置，其以层出不穷的革新设计理念改善了奥迪及大众的品牌形象，并且引领了奥迪一个时代的设计语言。

2006 年，彼得·希瑞尔正式担任起亚首席设计师，负责起亚在全球的设计性工作，至今已为全球消费者带来了带来福瑞迪、SOUL 秀尔、凯尊、

图 4-53　彼得·希瑞尔

图 4-54　大众新甲壳虫

图 4-55　大众 Concept T

智跑、K5 等一系列车型（图 4-56）。从一个平庸的品牌变成个性鲜明的品牌，彼得·希瑞尔对起亚汽车旗下产品的改变，正在改变起亚这个品牌在人们心中的印记。

2007 年，彼得·希瑞尔获得了设计界至高荣誉——英国皇家艺术学院"荣誉博士"头衔，这个始于 1976 年的奖项是世界设计界最高荣誉之一。

图 4-56　起亚 Concept GT

五、驾驭跃马的宾尼法利纳

宾尼法利纳不是一个人的传奇历程,而是一个家族已经延续三代的悠久历史,同时,宾尼法利纳也是工作室(图4-57)的名称,首席设计师并非家族成员,而是外聘,这也给那些经典的汽车设计注入了更多元素。

宾尼法利纳设计完成了几乎所有法拉利车型,并为玛莎拉蒂、阿尔法·罗密欧(图4-58)、凯迪拉克、福特、沃尔沃和蓝旗亚推出过大量作品。法拉利599G TBFiorano(图4-59)是一款极富视觉冲击力的具有雕塑感的跑车,宾尼法利纳在设计的时候表现出了一种强劲的张力。

作为目前世界三大设计公司之一,宾尼法利纳为中国自主品牌也做出了不小的贡献。奇瑞的M14(图4-60)、哈飞路宝、奇瑞A3、中华骏捷(图4-61)、别克凯越等都是它给国人留下的作品。

图4-57　宾尼法利纳设计室LOGO

图4-58　阿尔法·罗密欧8C 2300(1933年)

图4-59　法拉利599GTB Fiorano

图4-60　宾尼法利纳设计的国产轿车——奇瑞M14

图4-61　宾尼法利纳设计的国产轿车——中华骏捷

从客户的喜好、安全等级、流行情况出发,给你绘制的汽车添加色彩。

汽车文化

笔记

任务三　研究汽车标志设计

知识目标：
1. 了解汽车标志造型设计的美学特征、美学规律和基本造型因素。
2. 了解汽车标志造型与造型的关系。
3. 了解汽车标志设计的基本原则与方法。

能力目标：
1. 能熟知各品牌汽车标志的设计含义。
2. 能知道各国汽车标志设计蕴涵的美学风格。

思政目标：
1. 提升学生的审美、设计素养。
2. 培养学生创新创造、主动探索的意识。
3. 培养学生正确认识"表象与本质的关系"。

建议参考学时：1学时。

你能说出这些车标的名字吗

汽车标志也就是汽车的商标，通常简称车标，是汽车品牌形象系统的核心部分，是利用图形、符号、文字及色彩等造型语言向人们表达它所象征的含义，帮助消费者理解汽车的品牌精神、设计理念和性能特点，并分辨不同品牌的汽车。汽车标志设计的质量，影响着人们对于汽车品牌的整体印象。

环节	对应项目	具体程序
1	准备工作	场地准备：5人一组，对应数量的课桌椅、多媒体设备，必要文具 资料准备：教材、笔记本、搜集不同汽车标志造型图案的资料
2	前提条件	（1）每组设一名组长，由组长负责组织 （2）了解汽车标志设计的相关知识
3	操作过程	（1）每一组派一个代表介绍本组搜集的资料 （2）选择一个国家分析其美学风格
4	后续工作	各小组互相交流、评价

一、汽车标志设计概述

1. 汽车标志的概念

汽车标志在车身造型设计中一般布置在车身头部及尾部的正中央或其他醒目位置（图4-62），设计制作大多十分精良、轮廓清晰、璀璨夺目。每一款车标都代表着一种身份、一种内涵、一段历史，每一个标志都是经过科技的历练和时间的雕刻而成。

110

2. 汽车标志设计的特点

汽车标志设计是标志设计领域当中最具有特色的一个类别，其中所蕴含的精神价值和文化内涵是其他标志设计所无法比拟的，是现代艺术、科技、人文和经济等诸多因素的结合体。汽车标志设计的造型要素不仅体现在形态、色彩、质感等艺术方面，而且受到实用功能、结构、材料、技术和成本等多方面因素的制约（图4-63）。只有深入发掘与汽车标志设计相关的各个领域的诸多因素并综合整理，理顺其复杂的关系，提炼出基本规律，才能更好地开展汽车标志设计实践活动（图4-64）。

图4-62 奔驰汽车标志在车身造型中的运用

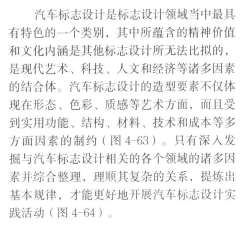

图4-63 劳斯莱斯汽车标志　　　　图4-64 红旗汽车标志

二、汽车标志设计基础

1. 汽车标志设计的美学基础

美学是研究自然界、社会和艺术领域中一般规律与原则的科学，主要探讨美的本质，艺术和现实的关系，艺术创作的一般规律等。

设计美学是以解决物质生产和物质文化领域中的美学问题为核心，研究人造物的审美创造和审美特征的设计学分支。它源于美学，但设计的物质性和多学科交叉的属性决定了设计美学与传统美学的差异，主要是通过科学、功能、技术、结构、材料、形式、精神艺术、工艺等方面予以体现，具有实践性、功利性和时代性等特征。

汽车标志设计的审美主体主要包括设计师及受众（观赏者），对审美主体的研究是进行审美创造的前提条件之一。作为汽车标志设计师应具备以下审美条件：① 汽车工程和汽车文化知识；② 艺术素养；③ 审美意识；④ 审美情趣。例如：意大利玛莎拉蒂汽车标志中的三叉戟形象，象征创始人玛莎拉蒂三兄弟团结一致、勇往直前的精神。同时，三叉戟是罗马神话中海神尼普顿的兵器，拥有巨大无比的威力，如果对西方文化不了解，那就很难理解它的深刻含义，进而也就会影响到人们对它的审美评价（图4-65）。

汽车标志作为审美客体具有实用性、形象性、意象性和清晰性等特点。作为识别物与象征物，汽车标志应具有清晰的视觉力结构，能够准确地表达主题，以实现主体与客体之间准确的信息与情感交流（图4-66）。

2. 汽车标志审美的制约因素

汽车标志的审美评价和审美创造应与汽车发展历史、汽车文化内涵、实用功能特点、地域、民族文化、工业特点及时代背景相结合。

3. 汽车标志的美学特征

好的汽车标志首先要美，而这种美体现为思维美、创新美、感性美（图4-67）、理性美（图4-68）、具象美和抽象美（丰田汽车的标志）等形式。

图 4-65 玛莎拉蒂汽车标志

图 4-66 精美的汽车标志

图 4-67 马自达汽车标志及汽车造型

内部是英文字母"B"字形,外部是展开的飞鹰翅膀的形态,属于具有生命感的仿生形态,是速度与力量的象征,是感性美的体现;而翅膀又为对称式结构,由具有一定比例关系、平行排列的线条所组成,体现出一种内在的秩序感和条理性,因而又具有理性美的特征。

图 4-68 宾利汽车标志

4. 汽车标志的设计属性

根据设计学的分类方法,汽车标志的设计学基础主要包括视觉传达设计和产品造型设计两个方面。代表企业形象用于广告宣传的汽车品牌标志,需要借助各种媒体与实物进行展示,因而具有视觉传达属性,而在车身造型设计中安装和使用的汽车标志,作为车身造型的重要组成部分,则具有产品造型属性(图 4-69)。

5. 汽车标志设计的品牌基础

在汽车标志设计中设计师应加强对品牌知识的了解,在设计实践中能够从品牌的高度看待和认识汽车标志。在世界汽车工业发展过程中,出现了诸多著名汽车品牌,它们无不形成了各自的品牌发展理念和模式,成为汽车品牌研究的经典案例。

图 4-69 汽车标志在产品造型设计中的运用

三、汽车标志设计的美学规律

1. 变化与统一

变化与统一规律,是人们认识事物发展的根本观点,也是汽车标志设计美学中的最基本规律,不同的汽车标志设计,其变化方式会随着不同的受众效果,这也正是变化中情感特征的体现。沃尔沃(图 4-70)和斯巴鲁(图 4-71)汽车标志可以看作诠释"变化与统一"规律中变化与统一之间关系的经典案例。在汽车标志设计中无论是在变化中求统一,还是在统一中求变化,都离不开形体、色彩和质感效果三大基本因素。

图 4-70　变化与统一的沃尔沃

沃尔沃汽车标志由几何形态构成，整体轮廓呈圆形，右上角的箭头在整体中形成明显变化，但整个标志仍然具有很好的整体感，而这主要是因为箭头无论在形态特点还是在表现手法上都与主体保持了很好的一致性。

图 4-71　变化与统一的斯巴鲁

斯巴鲁汽车标志，内部由一大五小六颗四角星形组合而成，一颗大星形成变化，而大星与小星之间形态一致，因此整个标志给人的感觉是既有变化而又统一。

2. 主从与重点

主从即指主次关系，为了使汽车标志主体突出，就要强化主体图形的表现力，一般可以用对比的手法，从形态选用、色彩搭配、空间布局等方面强调其与从属部分的对比关系，并使从属部分能够对主体起到呼应作用。比如：萨博汽车标志，"狮身鹰面兽"是"主"，文字是"从"（图 4-72）。

图 4-72　体现主从关系的汽车标志设计

内部飞鹰的形象与外部轮廓的有机曲线形态，十分流畅自然，尤其是构成鹰形的具有韵律感的线条，有如行云流水一般，体现出一种洒脱飘逸之美，生动展示马自达汽车品牌所具有的风格和气质。

在汽车标志设计中，重点即标志主体图形中最突出的部分，常常以点的形态出现，在整个标志图形中具有画龙点睛的作用，而这个重点部位往往具有强烈的指代意义，用来象征品牌的理念和价值。例如：Smart 汽车标志指向右侧的箭头、庞蒂克汽车标志位于中轴线上部的四角星形、斯柯达汽车标志中的圆点、布加迪汽车标志上部的 EB 符号等（图 4-73）。

图 4-73　重点突出的汽车标志设计

3. 均衡与稳定

均衡与稳定的汽车标识会给人以美观大方、和谐自然的视觉感受，在汽车标志设计中二者兼顾的情况居多（图 4-74）。

4. 对比与调和

在汽车标志设计中，同一属性造型元素的对比与调和可以通过两种方式来实现：一种是在不同的元素间找到联系性，这种方式易

图 4-74　均衡与稳定的汽车标志设计

于形成强烈对比;另一种是在相同的元素间通过制造差异来形成对比关系,这种方式易于形成强烈的调和感。而无论选择哪一种方式,都应符合主题表达的需要。

5. 节奏与韵律

在汽车标志设计中,造型元素有规律地重复出现会产生节奏感。而形成节奏感的方式有多种,图形、文字、色彩等基本造型元素,通过重复、渐变、密集、发射等构成手法的运用都会形成节奏感。例如:奥迪汽车标志,由四个圆环排列组合而成,四个圆环大小、形状、线条完全相同,为重复形态,排列方式为水平等距离重复排列,整个标志在视觉上给人以节奏感(图4-75)。

在汽车标志设计中形成韵律感的方式有很多种,起伏变化的曲线最能引发人们对于自然界中韵律感的联想。例如:阿斯顿·马丁汽车标志(图4-76)。

6. 对称与平衡

在汽车标志设计美学规律中,应用最普遍的就是左右对称,而且绝大多数汽车标志的轮廓都呈对称形态,这多是出于与对称的车身造型相适合的原因。对称轴如转换成水平方向,就是上下对称形式。在汽车标志造型中,左右对称中还包括一种特殊形式,即垂直轴与水平轴交叉组合为四面对称,如宝马汽车标志。围绕一个中心点而展开的对称形式即称为点对称,点对称又可分为向内聚集的球心对称、向外发散的放射对称以及旋转式的旋转对称(图4-77)。

图4-75 具有节奏感的奥迪汽车标志设计

图4-76 具有韵律感的汽车标志设计

图4-77 旋转对称的东风汽车标志

例如:马自达、日产、迷你、丰田、奔驰、三菱等汽车标志均为完全对称形式(图4-78),即绝对对称,其中马自达、日产、迷你、丰田汽车标志属于左右对称,而奔驰、三菱汽车标志则属于中心对称。而像沃尔沃、雪佛兰等汽车标志则属于含有对称式结构的不完全对称形式。

图4-78 完全对称的汽车标志设计

7. 比例与尺度

在汽车标志设计中,比例关系的运用十分普遍,它是实现和谐秩序的最基本手段之一,体现为一种内在的逻辑和数理结构关系,呈现出永恒的理想之美。例如:玛莎拉蒂汽车标志,位于椭圆内部的分割线将椭圆分隔成上下两个部分,而分割线的位置则接近于黄金分割比例的位置(图4-79)。

8. 条理与秩序

汽车标志设计要遵循秩序与条理的法则,强调秩序条理。追求一种有规律的整体美,在形态设计中,采用相似或相同的形态、一致与类似的线形、对称与分割的组合方式以及对节奏与韵律等设计法则的运用,都会给标志整体图形带来统一感与秩序感。例如:迈巴赫汽车标志设计,通过线条、字母、

图4-79 具有"比例"关系的汽车标志设计

形状、结构重复使用,给人以条理的秩序美,直曲呼应的弧线、直线与折线的组合,均衡的空间布局给人帅气、条理清晰的整体视觉感受(图4-80)。

四、汽车标志的形态设计

1. 汽车标志形态设计的分类

汽车标志形态设计有多种分类方法,根据汽车标志设计的造型特点,一般可以从图形与文字的使用、主题、艺术风格等角度对其进行分类。

图4-80 具有秩序感的汽车标志设计

2. 汽车标志形态设计的构成要素

汽车标志是视觉构成的艺术,任何汽车标志的形态都是由最基本的点、线、面组合而成的。

3. 汽车标志形态设计的语义解析

在汽车标志设计中,有许多惯用的形态,常被赋予一些特定的含义。圆形:难以撼动的经典造型;椭圆形:富于变化;盾形:盾是奢侈的,许多顶级汽车品牌都以盾形为轮廓;方形:特立独行;翅膀形:豪华车的标志,许多豪华车的品牌都带有鹰的翅膀的形象。

4. 汽车标志形态设计的演进与"遗传学"

汽车标志与汽车品牌是一个不可分割的整体,汽车标志的演进与品牌发展几乎是结伴而行,现在汽车标志已从最初的区别作用上升到了品牌识别的高度。汽车标志的演进记录了品牌发展的历史,并承载着品牌精神和文化内涵。

5. 汽车标志形态设计的基本原则

汽车标志的形态设计是有规律可循的。在汽车标志的形态设计中应遵循以下一些基本原则:
① 体现品牌理念和精神文化内涵。
② 创意的卓越性原则。
③ 独特性和经典性原则。
④ 遵循形式美法则。
⑤ 考虑在车身造型上的应用。

五、汽车标志的色彩设计

1. 汽车标志色彩设计的象征性

色彩对于标志的作用与图形和文字一样,都十分重要(表4-1),色彩选用与搭配是否合理,决定着汽车标志设计的成功与否(图4-81)。

2. 汽车标志色彩设计的基本规律

表4-1 色彩共同的情感特征

黑色	死亡、夜晚、深沉、沉重、憎根、恐惧、丑陋
白色	天真、善良、和平、轻盈、美德、健康
红色	欢乐、强烈、攻击性、不安、爱情、热烈
蓝色	幸福、男性
绿色	希望
粉红色	女性
灰色	悲伤、乏味

图4-81 充满浪漫气息的阿尔法·罗密欧汽车标志色彩设计

汽车标志的色彩设计不是随意的,而是有规律可循的。
① 合理使用色彩的冷暖,可以使品牌形象得到更好传达。
② 与环境或背景之间形成相互对比关系,有"空间"关系的存在。
③ 与质感相结合。

3. 汽车标志色彩设计的原则

汽车标志色彩设计应遵循创新性(图4-82)、和谐性、稳重型、易于使用原则和体现品牌定位原则(图4-83)。

 笔 记

斯柯达汽车标志中的浅绿色表达出时尚、充满青春活力的感觉，而深绿色的路虎汽车标志则表达出一种成熟和沧桑感。

图 4-82　同为绿色但给人感受不同的汽车标志

本田 Type-R 使用的就是被改为红色背景的本田汽车标志，Type-R 是专门针对赛车爱好者推出的限量版本的汽车，与普通汽车相比性能上要高出许多。

图 4-83　红色车标的本田 Type-R 汽车

 任务实训

根据所学知识，绘制一款汽车图标，并说明该标志的含义。例如：现代汽车公司的标志（图 4-84），是椭圆内有斜字母 H，这个标志的含义是：

① 椭圆表示地球，意味着现代汽车以全世界作为舞台，进行企业的全球化经营管理。

② 斜字母 H 是现代汽车公司英文 HYUNDAI 的首个字母，同时又是两个人握手的形象化艺术表现，代表现代汽车公司与客户之间互相信任与支持!

③ 椭圆既代表汽车方向盘，又可看作地球，两者结合寓意了现代汽车遍布世界。

图 4-84　北京现代

不同国家的汽车造型风格

 项目测评

一、填空题

1．汽车流行色的性质包括_____、_____、_____、_____。

2．汽车诞生以来经历了_____、_____、_____、_____、_____、_____等演变过程。

3．确定汽车外形有三个因素，包括_____、_____、_____。

4．色彩具有_____、_____、_____三种属性。

5．汽车设计之父是_____。

6．汽车车身造型具有_____、_____、_____、_____四大特性。

7．汽车在制造过程中主要分为四大工艺，分别为_____、_____、_____和_____。

116

二、选择题

1. 热带地区的人们在购车时，一般会选择（　　）的颜色。
   A. 浅色调　　　B. 深色调　　　C. 暖色调　　　D. 冷色调

2. 箱型汽车在高速行驶时的阻力大大妨碍了汽车前进的速度，所以人们又开始研究一种新的车型（　　）。
   A. 马车形　　　B. 子弹头　　　C. 滴水形　　　D. 甲壳虫

3. 大众汽车公司生产的甲壳虫汽车，发动机布置形式是（　　）置的。
   A. 前　　　　　B. 后　　　　　C. 横　　　　　D. 纵

4. （　　）色是膨胀色，容易使小车显大。
   A. 白　　　　　B. 绿　　　　　C. 蓝　　　　　D. 以上都对

5. 以下（　　）属于无彩色。
   A. 蓝　　　　　B. 黑　　　　　C. 黄　　　　　D. 红

6. 在设计上和技术特性上主要用于载运乘客和随身行李或临时物品的不超过9座的汽车是（　　）。
   A. 商用车　　　B. 普通乘用车　　C. 旅行车　　　D. 多用途乘用车

7. （　　）是来自汽车外部对车身设计的制约条件。
   A. 车身结构　　B. 制造工艺要求　C. 空气动力学　D. 人机工程学

8. 以下（　　）属于左右对称的汽车标志。
   A. 丰田　　　　B. 三菱　　　　C. 沃尔沃　　　D. 雪佛兰

9. （　　）车具有洒脱而奔放、先进而充满个性、夸张而富有想象力的特点，素以豪迈大气著称。
   A. 美国　　　　B. 德国　　　　C. 日本　　　　D. 意大利

10. （　　）是中国汽车标志设计中的经典力作。
    A. 欧宝　　　　B. 沃尔沃　　　C. 中国一汽　　D. 长城

三、判断题

（　　）1. 汽车的外形很多，目前汽车的外形均是流线型。

（　　）2. 在汽车加速行驶时，其阻力由滚动阻力、空气阻力、坡道阻力和加速阻力组成。

（　　）3. 美国杜邦（Dupont）公司的调查结果显示，银色汽车最具人气，银色也最具运动感。

（　　）4. 白色是一种矛盾的颜色，既代表保守和自尊，又代表新潮和性感，给人以庄重、尊贵、严肃的感觉。

（　　）5. 亮度即色彩的明暗程度。高亮度的色彩对光的反射率大；低亮度的色彩对光的反射率小。

（　　）6. 除了一些著名的法拉利、阿尔法·罗米欧和蓝旗亚车型之外，还有大量菲亚特和奥迪，车型等都是出自乔治亚罗之手。

（　　）7. MPV是由德国大众汽车公司在20世纪70年代创造的，它新颖的车厢布局设计引起了车坛的轰动。

（　　）8. SUV汽车的出现是汽车发展史上第六座里程碑。

（　　）9. 鱼型车身横截面积小，迎风阻力大，形状阻力也大。

（　　）10. 设计美学是以解决物质生产和物质文化领域中的美学问题为核心，研究人造物的审美创造和审美特征的设计学分支。

四、简答题

1. 汽车色彩设计需要考虑哪些因素？
2. 简要说明汽车设计到量产的过程。
3. 辨别车标属于哪个汽车公司，并说明该公司与中国合作伙伴有哪些，生产哪些车？

项目五　汽车观赏

项目导入

汽车是现代人生活中应用最普及、最广泛的交通工具,无论是出行,还是生产运输,我们都已经离不开汽车。汽车技术的发展不但方便了我们的生活、促进了社会的发展、缩短了世界的距离,同时它也发展成一门艺术,供我们去欣赏。

任务一　比较国内外车展

任务书

知识目标:
1. 了解主要的国际汽车展及其特点。
2. 了解我国著名车展。

能力目标:
1. 能够利用网络资源搜集著名车展的信息。
2. 能够根据车展布展图、车展特点、参展企业、个人需求等因素,制定一份参观车展计划书。

思政目标:
1. 培养学生正确的审美观、价值观。
2. 培养团队协助、认真、严谨、敬业的工作作风和职业素养。

建议参考学时:2学时。

任务描述

通过本任务的学习,能够了解国内外有哪些著名车展,并通过搜集各个车展的最新信息,了解汽车发展趋势和最新技术。

任务实施

环节	对应项目	具体程序
1	准备工作	场地准备:相应数量的课桌椅,多媒体设备等 资料准备:教材、搜集的相关资料
2	前提条件	(1)每组设一名组长,由组长负责组织 (2)了解国际车展、国内车展相关知识
3	操作过程	(1)每组派一名代表介绍本组的车展信息 (2)每组派一名代表介绍车展中的最新技术 (3)每组派一名代表介绍未来汽车的发展趋势
4	后续工作	各小组互相交流、评价

项目五 汽车观赏

知识链接

笔记

一、国际车展

按目前国际惯例，被公认的国际车展共有"五大"，其中欧洲三个：法兰克福车展、巴黎车展和日内瓦车展；北美洲和亚洲各一个：北美车展和东京车展。

国际车展与国内车展简介

1. 北美车展

一年一度，前身是美国原底特律国际汽车展览会，至今已经有一百多年历史，是美国创办历史最长的车展之一。1900年11月，美国纽约汽车俱乐部召开了第一届世界汽车博览会，1907年转迁到底特律汽车城。1957年，欧洲车厂终于远渡重洋而来，首次出现了沃尔沃、奔驰、保时捷的身影，获得了美国民众的高度重视，底特律车展的"王旗"正式竖起。1989年底特律车展更名为北美国际汽车展，每年1月办展。

近年来，概念车在北美车展上所占的比例越来越高，几乎全球所有的汽车公司都会利用这个平台推出自己的概念车，各种新奇的设计、各种你所能想到的、想不到的创新理念，在底特律车展上都能看见，因此难免给人离奇、古怪的感觉。

2006年1月8日，吉利自由舰（图5-1）在北美汽车城底特律亮相，这是中国自主品牌首次被邀参加北美车展，这也体现出吉利汽车在技术追赶过程中敢于走出国门的勇气。

图5-1 吉利集团参加北美车展

2. 巴黎车展

该车展起源于1898年的国际汽车沙龙会，是世界上最早开办的车展，直至1976年每年一届，此后每两年一届。在每年的9月底至10月初举行。巴黎国际汽车展始终围绕着"新"字做文章，各款概念车云集，常常使观众眼前一亮，随着新能源技术在汽车中的发展，巴黎车展上也出现越来越多的纯电力驱动首发车或概念车，例如奔驰公司2018年在该车展上发布一款敞篷纯电动概念车"Smart forease"（图5-2）。

图5-2 Smart forease 纯电动概念车

巴黎车展于2006年9月也首次出现中国品牌的汽车，包括长城哈弗和江铃陆风。虽然该阶段中国汽车品牌参加发达国家的汽车展览，缺乏与国外成熟汽车品牌展开竞争的能力，但可以通过同台竞技找出差距，了解需求与法规，同时展示中国汽车自主研发成果，提升品牌影响力。

在喜迎120周岁生日的2018巴黎车展上，中国广汽集团首次登陆就带来了最新力作——全新传祺GS5（图5-3），以独特、前瞻的设计理念和语言，令人耳目一新，其全新的外观和内饰更赢得了媒体、同行的肯定。

图5-3 全新传祺GS5

3. 日内瓦车展

日内瓦车展创始于1924年，从1931年起，每年3月在瑞士日内瓦举办。它是欧洲唯一每年举办的车展，展览总面积达7万平方米，以展示豪华车及高性能改装车为主，展品比较个性化。由于瑞士没有汽车工业，日内瓦车展也被称为"最公平的国际车展"。最先进、最豪华的汽车是日内瓦车展的常客，日内瓦已成为世界汽车制造商、汽车设计大师们展现实力的舞台，被誉为"国际汽车潮流风向标"。

图5-4 华晨1.8TCI涡轮增压汽油发动机

2007年3月8日，第七十七届日内瓦国际车展开始向公众开放，华晨汽车成为第一个参加日内瓦车展的中国自主品牌，中国华晨汽车公司面向欧洲市场生产的3款

119

汽车吸引了众多目光,创造了自主品牌汽车在国际车展上展出的新纪录。随着人们环保意识的增强,近几年,世界各大厂商也均致力于新能源车型的研发,而值得一提的是,自2010年起,我国的汽车制造商们(如2010年的比亚迪,2018年的泰克鲁斯·腾风、绿驰、正道、远景等)也携旗下新能源车型参展,以展示我国汽车制造业在研发新能源汽车方面的进步。除了华晨骏捷和一款上门轿跑车展出外,还有中国第一台具备独立知识产权的自主品牌1.8TCI涡轮增压汽油发动机(图5-4)参展。

4. 法兰克福车展

法兰克福车展前身为柏林车展,创办于1897年,1951年移到法兰克福举办,每年一届,轿车和商用车轮换展出。法兰克福车展是世界规模最大的车展,有"汽车奥运会"之称。展出的车辆主要有轿车、跑车、商务车、特种车、改装车及汽车零部件等,此外为配合车展,德国还举行不同规模的老爷车展览。

法兰克福车展对参展商设置了很高的门槛,要求参展商必须具备以下条件:没有知识产权纠纷;完全拥有自主产权;有新产品且新产品有一定水平的科技含量;在市场上有一定的保有量,因此多年以来,中国汽车厂商一直被这些条件拦在门外,直到2005年9月12日吉利完成中国企业在法兰克福车展的首次亮相(图5-5)。作为中国(中资)企业这种努力的延续,在2017、2019年法兰克福车展上均出现了一些中国元素。参展的中国车企,多从与国外起步时间差不多的电动车入手,2017年有长城、奇瑞以及中国台湾的电动汽车新星Thunder Power推出的电动概念车EV;2019年有红旗(图5-6)、长城和拜腾。

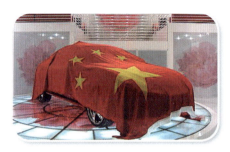

图5-5 法兰克福车展吉利展车(2005年)

只是近几年,法兰克福车展参加人数持续减少,缺席的品牌越来越多,法兰克福的德国国际车展,将在2021年迁址宝马"老家"慕尼黑。德国汽车工业协会表示新车展不仅将在展会上展示新车,更将新车型、新技术、新概念带到慕尼黑的街道上,参展人和市民将在城市里体验环保汽车和新型的汽车展会,德国车展将从汽车展示平台逐渐演化为一个出行展示平台。

5. 东京车展

东京车展是五大车展中历史最短的,被誉为"亚洲汽车风向标",创办于1954年。自1999年起至2005年止,东京车展每年轮流展示一次轿车和商务用车。但自2007年的第四十届车展起,采用新的综合型办展方式,使乘用车、摩托车、商用车、车体以及相关零部件产品等所有种类荟萃一堂,并采取两年一届的方式举办。

图5-6 红旗旗下全新超跑概念车S9

东京车展近年来逐渐形成了新传统——倚重了日本企业在电子技术上的巨大优势,东京车展上露面的新车往往是被新技术武装到了极致,各种各样的汽车电子设备和技术展出是展会的一大亮点。东京车展仍是中国车企唯一从未涉足的国际顶级车展。

二、国内车展

据不完全统计,每年中国各地举办的车展数量达到上百个,但形成规模且有较大影响力的以北京、上海、广州、长春和成都为主。

1. 北京车展

于1990年创办的北京国际汽车工业展览会(简称北京国际车展),每两年定期在北京举办,因为人多而被称为"人气最旺"的车展。秉承展品精、品牌全、国际化的办展理念和特色,北京车展已成为目前在国际上具有较高知名度的品牌展览会。

第十五届北京国际汽车展览会于2018年4月25至5月4日在北京中国国际展览中心新馆和老馆同时举行,展出面积达到22万平方米,作为国内汽车工业展览的风向标,各大厂家都将自家的最新设计理念、最新产品及技术在此期间亮相。本届车展展出新车169款,其中自主品牌新车数量多达75款,欧系车型50款,日系车型24款,美系车型14款,韩系车型6款,所有展出的新车中概念车49款,展出车型数量最多的为SUV,共计63款。另外,智能网联、自动驾驶和新能源技术成为此次车展的技术亮点,例如百度Apollo与一汽、奇瑞、现代等合作量产车型及智能产品集体亮相北京车展,奇瑞LION智能座舱(图5-7)就是其中之一,它能够实现AR导航、全息显示、手势识别、家具互联、眼球追踪、人脸识别等功能。

图5-7 奇瑞LION智能座舱

车展上汽车是当之无愧的主角,但各大汽车厂商为了突出品牌理念、技术特点、设计风格等要素,对展台的设计也是面面俱到,2018年北京车展沃尔沃展台(图5-8)就利用枫木地板和一架风格家具透露着瑞典血统,同时营造家的温馨感。

图5-8 北京车展沃尔沃展台

2. 上海车展

上海国际汽车工业展览会(简称上海国际车展)创办于1985年,是中国最早的专业国际汽车展览会,逢单数年举办,两年举办一次,因硬件设施完善被称为"硬件最强"的车展。

第十八届上海国际车展于2019年4月18日至25日在国家会展中心(上海)隆重举行,本届车展以"共创·美好生活"为主题,吸引了来自20个国家和地区的1 000余家知名汽车展商倾情参与,国内外各大主流汽车品牌以高规格参展。本届车展展览总面积超过36万平方米,展出整车近1 500辆,其中全球首发车129辆、新能源车218辆、概念车76辆,集中展示世界汽车工业的创新发展成果,全面展现汽车与信息通信、互联网、大数据、人工智能的深度融合。

全新一代瑞虎8(图5-9)在2019年上海车展上亮相,并由媒体评选获得"最受关注车型"奖。奇瑞汽车旗下品牌全新一代瑞虎8动力性能傲视同级,拥有100%知识产权的1.6TGDI发动机可迸发出145 kW最大功率以及290 N·m峰值扭矩,同时其在智能化、内饰、外形设计等方面也有强势表现,自发布以来备受市场关注。

图5-9 全新一代瑞虎8

3. 广州车展

广州国际汽车展览会创办于2003年,每年11月份举办,因市场大被称为"商业味最浓"的车展。

第十六届广州国际车展于2018年11月16日至25日在中国进出口商品交易会展馆举行,其主题为"新科技,新生活"。车展展出总面积达24万平方米,吸引参展车辆达1 085台,其中新车、首发车数量创历史新高,全球首发车为48台,跨国公司首发车6台,新能源汽车150台,概念车28台。比亚迪在车展上推出的全新一代纯电SUV"唐EV"(图5-10)。

图5-10 比亚迪"唐EV"新车发布会

4. 长春车展

长春车展一般习惯称为长春汽车博览会,每两年举行一次。但从2010年开始,长春汽车博览会由原来的每两年举办一届改为每年举办一届。因有本地一汽集团及合作伙伴德国大众的支持,被称为"中国的底特律车展"。

第十六届长春汽车博览会于2019年7月12日—21日在长春国际会展中心隆重举行,以"智联·美好生活"为主题,展览总面积20万平方米,展会共设室内9大展馆,室外6大展区,整车参展企业141家,汽车后市场展区参展企业68家,参展品牌152个,共有超过1 300台汽车参展,其中新能源及油电混合

汽车一百多辆，豪华车、概念车、首发车超过300辆，继续保持国际级车展的体量和层次。在此次汽博会上，全新比亚迪宋 Pro EV（图5-11）作为车展的亮点之一。

5. 成都车展

作为西部地区规模最大、规格最高的年度汽车盛会，自1998年创办以来，成都车展不断锐意进取，坚持创新发展，历经二十余年成长蜕变，现已从众多区域性车展中脱颖而出，截至2019年共举办二十二届。

图5-11 全新比亚迪宋 Pro EV

图5-12 玛莎拉蒂限量版车型——总裁尊贵蓝

成都第二十二届车展，超豪华品牌玛莎拉蒂、保时捷、迈凯伦、兰博基尼、阿斯顿·马丁、宾利、劳斯莱斯以"新"汽车力量营造了西部车市的"热火朝天"。全新林肯飞行家 Aviator 正式上市；玛莎拉蒂带来三款全球限量版车型：总裁尊贵蓝（图5-12）、Levante 尊贵蓝和 Ghibli 金刚黑。兰博基尼 Huracan GT3 Daytona 特别版首次在中国展出。劳斯莱斯带来全球仅发售50台的古思特 Zenith 典藏版，与幻影、库里南及魅影四款高级定制车型联袂亮相。

融入我们生活的除了汽车车展，还有汽车俱乐部、汽车影院等。

一、汽车俱乐部

随着世界汽车工业的不断发展和人们对汽车的需求和兴趣，各种形形色色的汽车俱乐部也相继诞生。

1. 汽车俱乐部的起源

汽车俱乐部由来已久。1895年10月中旬，美国《芝加哥时报》在"车坛风云"专栏上发表了赛车运动员查尔斯·布雷迪·金格建议成立汽车俱乐部的一封信，成为车迷和驾驶员议论的热门话题。1895年11月1日，由《先驱者时报》主办的汽车大赛在芝加哥开幕，全国各地很多驾驶员都赶来参加比赛。其中，有60名驾驶员聚会在一家酒店，他们赞成金格的倡议而发起成立了美国汽车联盟，这是世界上最早的汽车俱乐部。

2. 汽车俱乐部简介

（1）美国汽车协会　1902年3月4日，来自美国各地九个汽车俱乐部在芝加哥联合成立美国汽车协会（全称 American Automobile Association，简称 AAA，图5-13）。AAA 是一个服务网络遍布美国、加拿大、甚至还延伸到英国的非营利性汽车倡导、服务性组织。

（2）全德汽车俱乐部　全德汽车俱乐部（Allegemeiner Deutsche Automobil Club，简称 ADAC）成立于1903年，至今已经有100多年的历史。ADAC 是德国非常有影响的一家会员制服务性机构，服务范围包括汽车体育运动、道路故障救援、空中救援和紧急医疗救助、保险、旅游服务等等。带有黄色标志的"ADAC"救援车或救援飞机（图5-14）在德国享有"黄色天使"的美誉。ADAC 还有一项非常重要的业务就是机动车车辆检测，据称几乎市场上所有的主流车型，该俱乐部都将会进行各方面的测试，为会员把住安全关。

（3）大陆汽车俱乐部　大陆汽车俱乐部（China Automobile Association，简称 CAA，图5-15）是国内成立最早的汽车俱乐部，1995年成立于北京。作为国内首家为客户提供优质道路救援服务的专门机构，CAA 始终秉承"立足国内市场，整合国际资源，围绕多元化的汽车后市场服务，以道路安全为己任，致力于打造'安全、帮助、无忧'的道路综合服务"的企业理念，依托母公司澳大利亚 IAG 保险公司的雄厚实力，成为中国汽车救援服务行业的领航者。

图5-13 美国汽车协会标志

图5-14 "全德汽车俱乐部"邮票

图5-15 大陆汽车俱乐部标志

二、汽车收藏

汽车收藏是由汽车延伸出的收藏文化，主要涉及经典或限量车型、老爷车、零部件、车模等，按收藏主体不同，包括博物馆收藏和个人收藏。

1. 博物馆收藏

老式汽车（即俗称的"老爷车"），顾名思义，就是年份已久的汽车。按国际统一标准，它泛指出厂30年以上的品牌量产汽车。老式汽车是汽车产业发展历程的见证，是世界各国汽车产业的里程碑，是汽车文化的"标本"。正是因此，国际上围绕老式汽车的收藏、鉴赏、竞赛活动和运动相当普遍，而在我国，老式汽车收藏鉴赏等活动虽然起步较晚、基础较低，但也已初具规模，图5-16是北京老爷车博物馆展出的我们国家自己汽车工业发展过程中的老爷车。

图5-16　北京老爷车博物馆展车

历史悠久的汽车企业或品牌都建有自己的汽车博物馆，比较著名的有宝马博物馆、梅赛德斯奔驰博物馆、法拉利博物馆、保时捷博物馆、亨利福特博物馆、大众汽车博物馆、丰田汽车馆和米卢斯法国国家汽车博物馆。著名的法拉利博物馆（图5-17）坐落于恩佐·法拉利的故乡摩德纳市附近的马拉内洛小镇，将人们带入法拉利公司历史的神奇之旅，同时也向参观者提供了欣赏那些保留至今的稀世法拉利车型的机会，是法拉利迷们的乐园。

图5-17　法拉利博物馆

2. 个人收藏

个人收藏也是汽车收藏的重要组成部分，他们出于对汽车的痴迷热爱，以付出巨大的财力来收集各个品牌有收藏价值的汽车，例如英国商业巨头罗杰迪丁（Rodger Dudding）是英国最大的经典汽车收藏家，拥有各种不同的汽车，从豪华到更普通的日常车辆都有，他收藏了350辆经典汽车，总价值4 000万英镑，约3.5亿元人民币，并将其保留在Potters酒吧的车库内，图5-18是其收藏的1954年捷豹XK120 Drophead双门跑车和法拉利F355 GTS。

图5-18　Rodger Dudding 个人收藏车

三、汽车影院

1933年的6月6日，做化学制品的商人（美国人）理查赫林谢德在自家的后院创办了世界上第一家汽车影院（图5-19），可容纳400辆汽车，用一台1928年出产的柯达投影机往幕布上投影，而声音都来源于藏在电影幕布后面的一台收音机。

虽然第一家汽车影院很快关闭，但是这个理念却留了下来。美国仍然有400多家露天汽车电影院，这些影院吸引着许多家庭前来观看节目。国内最早的汽车影院是于1998年开业的枫花园汽车电影城（图5-20），能容纳100辆汽车。

图5-19　世界上第一家汽车影院

图5-20　国内汽车影院

请制定一份参观汽车展览的出行计划。

任务二　观赏汽车运动

任务书

知识目标：
1. 了解汽车运动的起源。
2. 了解著名的汽车运动大赛。
3. 了解一级方程式锦标赛的有关竞赛规则、著名车队、车手和主要赛场。
4. 体会汽车运动的魅力。

能力目标：
通过对F1方程式赛车的学习了解，能够制定一份现场观看上海F1的活动方案。

思政目标：
1. 开拓学生的国际视野。
2. 培养学生正确的消费观、价值观、人生观。

建议参考学时：2学时。

任务描述

通过本任务的学习，能够了解汽车运动的种类及一级方程式赛车的相关知识，并制定一份观看赛车运动的活动方案。

任务实施

环节	对应项目	具体程序
1	准备工作	场地准备：相应数量的课桌椅，多媒体设备等 资料准备：教材、搜集的相关资料
2	前提条件	（1）每组设一名组长，由组长负责组织 （2）了解汽车运动和汽车一级方程式赛车的相关知识
3	操作过程	（1）每组派代表介绍制定的观赛指南 （2）每组派代表介绍出行计划
4	后续工作	各小组互相交流、评价

知识链接

"赛车"一词来自法文（Grand Prix），意思是大奖赛。在国外，汽车比赛几乎与汽车具有同样长的历史。今天各式各样的汽车比赛被统称为现代汽车运动，它是世界范围内一项影响较大的体育运动。多姿多彩的汽车运动使这一冷冰冰的钢铁机器充满了柔情蜜意，同时，汽车运动的激烈、惊险、浪漫、刺激，不仅仅使成千上万的观众为之痴迷，而且还使世界汽车技术的发展日新月异。

一、汽车运动的起源与分类

1904年6月10日，在赛车运动兴盛的法国成立了国际汽车联合会（法文缩写为FIA，当时不是用此名，1946年改为现称，图5-21），由它负责管理全世界汽车俱乐部和各种汽车协会的活动。

国际汽车联合会有一个下层机构叫国际汽车运动联合会（缩写为

图5-21　国际汽车联合会会标

FISA）成立于 1922 年，其任务主要是制定有关参赛的车辆、车手、路线和比赛方法等相应规则，对比赛记录进行认可，并在各地举行汽车赛时做必要的调整或协调。

国际汽车运动联合会由世界汽车运动委员会（World Motor Sport Council）的 22 个小组掌管，此委员会负责指定、监督和管理全球一切有关赛车事宜。在国际汽车联合会之下还设有若干具体赛事委员会，协助世界汽车运动委员会处理事务。中国汽车运动联合会（FASC，图 5-22）于 1975 年在北京成立，1983 年加入国际汽车联合会。

图 5-22 中国汽车运动联合会会标

1. 汽车运动起源

使用汽车在封闭场地内、道路上或野外进行比赛速度、驾驶技术和车辆性能的一项运动称为汽车运动。19 世纪 80 年代，欧洲大陆出现了最早的汽车。汽车运动也随着汽车工业的发展而兴起。起初，汽车比赛的目的是为厂商检查车辆的性能，宣传汽车的安全性和可靠性，因此汽车厂商对此积极资助，以期推销其产品。

世界上最早的汽车比赛是在 1887 年 4 月 20 日由法国的《汽车》杂志社主办的，不过参赛的只有 1 个人，名叫乔尔基·布顿，他驾驶 4 人座的蒸汽汽车从巴黎沿塞纳河畔跑到了努伊伊。

世界上最早使用汽油汽车进行的长距离汽车公路赛，是在 1895 年 6 月 11 日由法国汽车俱乐部和《鲁·普奇·杰鲁纳尔》报联合举办的，路程为从巴黎到波尔多往返，全程长达 1 178 km。获得此次第一名的埃米尔·鲁瓦索尔共用 48 小时 45 分钟，平均车速为 24.55 km/h。但由于比赛规定车上只许乘坐 1 人，而他的车上却乘坐 2 人而被取消了冠军的头衔。结果落后很多的凯佛林获得了冠军。此次比赛共有 23 辆车参赛，跑完全程的有 8 辆汽油汽车和 1 辆蒸汽汽车。

在以后的车赛中，为避免汽车在野外比赛时扬起漫天尘土影响后面车手的视线而造成伤亡事故，车赛逐渐改为在封闭的赛场和跑道上进行，这就是汽车场地赛的雏形。

最早的汽车跑道赛于 1896 年在美国的普罗维登斯举行，为了吸引更多的人参加汽车比赛，使比赛更富刺激和挑战性，法国的勒芒市在 1905 年举行了第一次真正意义上的场地汽车大奖赛。从此，汽车大奖赛成为世界体育舞台上一项非常重要的赛事，勒芒也因此闻名于世。

2. 汽车运动种类

随着汽车运动的发展，汽车运动种类越来越多，主要有方程式汽车赛、勒芒 24 小时耐力赛、印第安纳波利斯 500 英里大奖赛、汽车拉力赛、汽车山地赛和卡丁车赛等。

（1）方程式汽车赛 属于汽车场地赛的一种类型，首场汽车场地赛 1905 年在法国举行。1950 年，国际汽车运动联合会出于安全和汽车技术发展的需要，颁布了赛车规则，对汽车自身质量、车宽、车长、发动机功率、发动机排量等技术特性参数做出了一系列规定，使比赛趋于公平，于是便有了"方程式"（Formula）的概念，该词既有方程式的意思，也有准则、方案的含义，在汽车比赛中应把它理解为规则、级别更为合理，但人们已经习惯称之为方程式汽车赛。

方程式汽车赛按发动机排量和功率不同来划分有 3 个级别：

① 三级方程式：简称 F3（图 5-23），按照国际汽联的规则，比赛使用四轮外露的单座位纯跑道用方程式赛车，赛车按照先进的空气动力学原理设计，配备 4 缸及 2.0 L 自然吸气式汽油发动机，最大输出功率约 125 kW，最高时速约 250 km/h，赛车的最小质量为 455 kg（不包括车手质量）。

② 二级方程式：简称 F2，发动机排量为 3L，功率为 345 kW。它曾于 1985 年被 F3000 赛车所取代，不过国际汽车联合会 2008 年宣布 2009 年世界二级方程式锦标赛重新回归。赛事的目标是建立一个低成本的系列赛，以使得年轻车手有机会在最高等级的汽车运动中进行比拼。

图 5-23 三级方程式赛车

③ 一级方程式：简称 F1（图 5-24），由国际汽车运动联合会举办的最高等级的年度系列场地赛车比赛，是当今世界最高水平的赛车比赛，与奥运会、世界杯足球赛并称为"世界三大体育盛事"。从 2014 年开始，国际汽联规定 F1 赛车发动机为排量上限 1.6 L，夹角 90°的 V6 涡轮增压、直喷。

图 5-24 一级方程式赛车

（2）勒芒24小时世界汽车耐力锦标赛　勒芒位于法国巴黎西南约20 km处，由于1905年在勒芒举行了世界第一次汽车大奖赛，并且自1923年开始（1936年及1940至1948年除外），每年6月份都要在那里举行24小时汽车耐力锦标赛，使勒芒闻名于世。

勒芒赛车道为全长13.5 km的环形道（图5-25），赛车在这样的跑道上需行驶24 h。所谓耐力锦标赛，就是对汽车和赛车手的耐力极限考验，人们称之为"车坛马拉松"，这是一项十分艰苦的比赛。

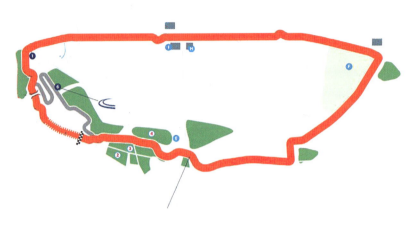

图5-25　勒芒赛道示意图

勒芒大赛之所以在世界上久负盛名，胜过美国印第500英里大赛或其他汽车大赛之处在于它的赛程长，一般的耐力赛只有500～1 000 km，而勒芒大赛约为5 000 km（这相当于从乌鲁木齐到北京的距离）。每年6月都有接近30万车迷来到这里，是世界车迷盛会（图5-26）。

（3）印第安纳波利斯500英里大奖赛　印第安纳波利斯500英里大奖赛（图5-27）始于1911年，通常又被称为印第500或500英里大奖赛，在印第安纳波利斯市举行，它是美国车坛最重要的赛事，奖金最高，现场观众最多，它是美国方程式锦标赛中的一场，但它又是一场独立赛事，就像勒芒24小时大赛一样。印第500英里大赛跑道为固定的椭圆跑道，跑道长4.02 km，印第500英里大赛全程应跑200圈。

（4）汽车拉力赛　汽车拉力赛属于长距离比赛，汽车拉力赛的"拉力"来自英语Rally，意思是集合，即拉力赛是将参赛的汽车集合在一起进行比赛，然后再集合再比赛，反复进行，最后根据每辆赛车的总成绩排出名次，世界汽车拉力赛通常在世界各地确定若干站，最后一站比赛结束后，根据车手和车队各站比赛的总积分，排定年度冠军和冠军车。正式的汽车拉力赛是在1911年举行的。巴黎－达卡尔汽车拉力赛是世界行程最长的汽车拉力赛，由法国巴黎出发，乘船到地中海在利比亚登陆，在非洲干旱的沙漠和各种崎岖路段比赛（图5-28），途径10个国家，最后迂回到塞那加尔的达卡尔，行程13 000 km左右，历时近20天。

图5-26　勒芒耐力赛盛况

图5-27　印第安纳波利斯500英里大奖赛

图5-28　巴黎－达卡尔汽车拉力赛

达卡尔拉力赛的车辆主要有三个分级：摩托车、汽车（范围从沙地越野车到小卡车）和大卡车。由于赛程时间长，赛段环境恶劣，各种突发情况千变万化，对车手及赛车都是极大考验，能够坚持跑完整个赛程已经是非常困难，要取得优异成绩更是赛车性能、车手技术及毅力，团队配合，甚至是运气的多重考验。

（5）卡丁车赛　卡丁车赛是汽车场地比赛项目的一种。分方程式卡丁车、国际A、B、C、E级和普及级六类，共12个级别。卡丁车赛使用轻钢管结构，操纵简单，无车体外壳，装配100 cc、125 cc 或 250 cc 汽油发动机的4轮单座位微型赛车，重心低，在曲折的环形路线上行驶，比赛速度感强。卡丁车是世界方程式赛车的最初级形式，始于1940年。由于许多著名的一级方程式赛手都是从卡丁车起步的，因此卡丁车被视为F1的摇篮（图5-29）。

图5-29 中国卡丁车锦标赛

二、一级方程式汽车赛

世界一级方程式赛车锦标赛是当今世界最高水平的赛车比赛，年收视率高达600亿人次，F1比赛可以说是高科技、团队精神、车手智慧与勇气的集合体。

1. F1大赛规则简介

FIA规则规定每场比赛均分为计时排位赛和决赛两个过程，排位赛在正式比赛前一天进行。决赛当天，车手先进行23圈的自由练习，用以检查车子各部分的工作情况。决赛前半小时各赛车进入排定的起跑位置。赛前5分钟，开始倒计数，当剩下最后1分钟时，发动机开始启动，绿旗一挥赛车便起步，进行最后一圈热身赛，但中途不准超车，也不准更换赛车。当一圈跑完后仍按原顺序排好，几秒后，绿灯一亮，决赛正式开始。

在赛程之中赛车可以更换轮胎（最少更换四次轮胎），可以加油，出了故障也可修理，但需占用比赛时间，所以车手在赛车发生故障时要用无线电话通知维修站事先做好准备。

带你简单了解 F1赛车

2. F1大赛信号灯

为了杜绝抢先出发情况的发生，最后一个信号灯和出发信号之间可以有3秒的停顿。

（1）热身赛信号灯

热身赛前5分钟	热身赛前3分钟	热身赛前1分钟	热身赛前30秒	热身赛开始
●●●●● ●●●●● ●●●●● ●●●●●	●●●●● ●●●●● ●●●●● ●●●●●	●●●●● ●●●●● ●●●●● ●●●●●	●●●●● ●●●●● ●●●●● ●●●●●	●●●●● ●●●●● ●●●●● ●●●●●
出发区被关闭	只有技术人员和比赛官员可以接近赛车	启动赛车发动机，所有工作人员和技术人员必须离开出发区		在一圈的热身赛结束后，关闭发动机

（2）正式比赛信号灯

比赛开始前5秒	比赛开始前4秒	比赛开始前3秒	比赛开始前2秒	比赛开始
●●●●● ●●●●● ●●●●● ●●●●●	●●●●● ●●●●● ●●●●● ●●●●●	●●●●● ●●●●● ●●●●● ●●●●●	●●●●● ●●●●● ●●●●● ●●●●●	●●●●● ●●●●● ●●●●● ●●●●●

3. F1旗语

在精彩刺激的F1比赛中，红、黄、白、黑、蓝等各色旗帜飘舞在赛场上，担当信息传递的工具。车手和裁判之间的讯息通过不同颜色的旗帜来表达和传递，具体含义如表5-1所示。

表5-1 一级方程式汽车赛旗语

旗颜色	旗语
红	红旗表示比赛或者试车中因某种原因提前结束或暂停。红旗会在整个赛道各个位置同时出示，这个时候手应该回到维修站，并在那里原地待命，以得知是否恢复比赛，何时恢复比赛。正式比赛中，赛程超过75%后出示红旗则比赛结束，比赛最终成绩以挥动红旗前两圈的成绩为准

续表

旗颜色	旗语
蓝	蓝旗表示后方有准备套圈的车辆正在接近，并且准备超车。被出示蓝旗的车手应该减速让行，必要时要让出赛车线。如果一名车手被出示挥动蓝旗3个弯内还未能够及时为快车让出线路，这名车手可能受到处罚
绿	绿旗表示比赛、排位赛开始或赛道存在的障碍已经得到清除，比赛恢复正常
黄	黄旗代表前方车道上有障碍物，提醒车手要小心驾驶。如果障碍赛车停在赛道一侧，或者障碍物不在赛道上，那么黄旗会静止不动。如果障碍物在赛道上，那么黄旗就会来回摇动，以提醒车手做好准备改变方向。如果赛道被彻底堵塞，那么会摇动两面黄旗。出现黄旗的时候不允许超车，否则会接受处罚，甚至被取消比赛资格
红黄竖条纹	红黄竖条纹旗代表赛道前方路面有油，或者路面较滑，车手应该小心驾驶，直到信号旗收回为止。如果比赛官员挥动该旗帜，代表着前方不远处有所谓的湿滑地带
白	当白旗出现的时候，表示前方有慢速行驶的车辆，这可能是一辆救护车、拖车或者赛会安全车辆。当看到白旗的时候，车手应该小心驾驶，甚至适当减速
黑	如果车手的号码显示在出发线，同时旁边有黑旗出现，这表示车手在跑完这一圈之后需要向维修站汇报。当一名车手因为比赛行为不当而需要对其进行调查，或者车手在比赛中犯规的时候，需要向车手出示黑旗。出现该黑旗时，车手被取消比赛资格
黑底红圈	如果车手的号码显示在出发线，同时旁边有黑底红圈旗出现，这表示车手需要立即与检修站取得联系。当比赛官员怀疑车手的赛车存在机械问题而需要检修的时候，会出现该旗
黑白方格	当出现黑白方格旗的时候，表示比赛或者练习赛结束了。这个时候所有车手都要返回检修车道或者集中到出发区。从这里车手们需要将他们的赛车开到赛前检录处，赛车在这里需要被检测以确保符合比赛的各项规章制度。对于每次比赛冠军，将会为他挥舞黑白方格旗，对于冠军之后的车手，黑白方格旗将会静止出示
黑白对角	这种旗帜挥动时会跟随着一部车号，这在警告车手作出了不应该有的竞技行为。如果车手继续这样的行为的话，那么他会被举黑旗

4. F1大赛赛道

专用赛道均为环形，每圈长度为3～8 km，每场比赛距离为300～320 km；赛场不允许有过多过长的直道，目的在于限制高速，以免发生危险。近年来，随着赛车运动的风靡，申请主办F1大赛的国家越来越多。分布在全世界各地的赛场地理环境迥然相异：有的建在高原上，那里空气稀薄，用以考验车手的身体素质；有的则是街道串成的赛场，那儿路面相对狭窄曲折，车手弄不好就会撞车；有的赛车场就显得路面宽阔，但也有上下坡考验车手的技术；还有的赛场建在树木葱郁的树林中，那里跑道起伏大，车手很难控制赛车，世界各地的赛道如表5-2所示。FIA要求各赛场的救护人员必须分布在全场的每个角落，争取在出事的一刹那，跑进现场，进行抢救。

2004年9月26日，F1方程式汽车大赛在我国上海首次登陆，上海赛道由赛车界享有盛名的德国专家蒂尔克设计，上海赛道全长为5.45 km，赛道有7个左拐和7个右拐的弯道，主看台可容纳5万名观众。上海"上"字形国际赛车场的赛道（图5-30）采取沥青层、绿化缓冲区、沥石缓冲区、轮胎防撞墙、三肋防撞墙和铁丝防护网5级防护措施，以增加F1大赛的安全系数。

项目五 汽车观赏

■ 主看台A　■ 副看台H/K　■ PADDOCK CLUB　■ 无坐席看台C
■ 看台B　■ 无坐席看台J　■ 无坐席看台F　■ 无坐席看台L

图 5-30　上海国际赛车场布局示意图

表 5-2　一级方程式汽车赛赛道

序号	赛道		
1	澳大利亚大奖赛－墨尔本阿尔伯特公园赛道	(赛道示意图)	单圈长 5.303 公里，总长度 307.574 公里，总圈数 58 圈，记录 1 分 24 秒 408（2004，舒马赫，法拉利）
2	马来西亚大奖赛－雪邦赛道	(赛道示意图)	单圈长 5.543 公里，总长度 310.408 公里，总圈数 56 圈，记录 1 分 34 秒 649，（2004，蒙托亚，威廉姆斯）
3	中国大奖赛－上海国际赛道	(赛道示意图)	单圈长 5.451 公里，总长度 306.592 公里，总圈数 53 圈，记录 1 分 32 秒 238（2004，舒马赫，法拉利）

续表

序号	赛道		
4	巴林大奖赛－巴林沙克海赛道	巴林麦纳麦赛道 单圈长度:5.417公里 总圈数:57圈 总长度:308.769公里 单圈最快:1分30秒252 (2004,迈-舒马赫,法拉利)	单圈长 5.417 公里，总长度 308.769 公里，总圈数 57 圈，记录 1 分 30 秒 252 (2004,舒马赫，法拉利)
5	西班牙大奖赛－加泰罗尼亚赛道		单圈长 4.730 公里，总长度 307.323 公里，总圈数 65 圈，记录 1 分 15 秒 641（2005，费斯切拉，雷诺）
6	摩纳哥大奖赛－蒙特卡洛赛道		单圈长 3.340 公里，总长度 260.520 公里，总圈数 78 圈，记录 1 分 14 秒 439(2004,舒马赫，法拉利)
7	加拿大大奖赛－维伦纽夫蒙特利尔赛道		单圈长 4.361 公里，总长度 305.270 公里，总圈数 70 圈，记录 1 分 13 秒 622（2004，巴里切罗，法拉利）
8	英国大奖赛－银石赛道		单圈长 5.141 公里，总长度 308.586 公里，总圈数 60 圈，记录：1 分 18 秒 739，（2004，舒马赫，法拉利）
9	德国大奖赛－纽伯格林赛道		单圈长 5.148 公里，总长度 308.863 公里，总圈数 60 圈，记录 1 分 29 秒 468(2004,舒马赫，法拉利)

续表

序号	赛道		
10	匈牙利大奖赛-布达佩斯亨格罗林赛道		单圈长4.192公里，总长度：306.016公里，总圈数70圈，记录：1分19秒071，（2004，舒马赫，法拉利）
11	比利时大奖赛-斯帕赛道		单圈长6.968公里，总长度306.592公里，总圈数44圈，记录1分45秒108（2004，雷克南，迈凯轮）
12	意大利大奖赛-蒙扎赛道		单圈长5.793公里，总长度306.592公里，总圈数53圈，记录1分21秒046（2004，巴里切罗，法拉利）
13	新加坡大奖赛-新加坡赛道		单圈长5.067公里，总长度309.087公里，总圈数61圈
14	韩国大奖赛-全罗南道灵岩赛道		单圈长5.621公里，总长度309.155公里，总圈数55圈，记录1分50秒257（2010，阿隆索，法拉利）

序号	赛道	
15	日本大奖赛－铃鹿赛道	单圈长 4.563 公里，总长度 305.721 公里，总圈数 67 圈，记录 1 分 28 秒 193（2007，汉密尔顿，迈凯轮）
16	印度大奖赛－佛陀国际赛车场	单圈长 5.137 公里，总长度 308.22 公里，总圈数 60 圈，记录 1 分 27 秒 249（2011，维特尔，红牛）
17	阿布扎比大奖赛－亚斯港赛道	单圈长 5.554 公里，总长度 305.355 公里，总圈数 55 圈，记录 1 分 40 秒 279（2009，维特尔，红牛）
18	美国大奖赛－奥斯丁赛道	单圈长 5.513 公里，总长度 308.405 公里，总圈数 56 圈。
19	巴西大奖赛－圣保罗英特拉格斯赛道	单圈长 4.309 公里，总长度 305.909 公里，总圈数 71 圈，记录 1 分 11 秒 473（2004，蒙托亚，威廉姆斯）

5. F1赛车手

据国际汽车联合会（FIA）规定，参加F1比赛的选手，必须持有"超级驾驶执照"。而每年，全世界有资格驾驶F1赛车的车手不能超过100名。因此，为了跻身F1赛场，每名车手必须过五关斩六将，先是小型车赛，然后是三级方程式，接着是二级方程式，这一切都通过了，才能获得"超级驾驶执照"成为F1赛车手。

F1赛车手除了拥有超高驾驶技术，同时也必须集身体素质、车技、经验和斗志于一身。首先要求强大的颈部肌肉，F1赛车过弯时产生的向心加速度能达到4 g（重力加速度），相当于30 kgf（1kgf=9.8N）左右的力作用在头部。当F1赛车手急减速的时候加速度为负的5 g，这相当于37.5 kgf的力量按向头部。不管转向还是加减速，头部承受的力量只能靠颈部肌肉来支撑，所以赛车手的颈部都非常粗壮（图5-31）。其次是赛车手强大的心肺功能，车手在赛道上飞驰，平均心跳也在165次以上，在某些关键性或竞争激烈的比赛中，车手在起步后前三圈的心跳甚至能够达到185次以上。一场90min的比赛下来，车手会脱水3.5～4 kg，如果换成一般人早已出现休克症状。最后还需要高于常人的耐力。F1车手在下车后却还能谈笑自若，感觉很轻松，其实F1车手是坐着"轮椅"的马拉松选手，耗氧量与马拉松选手相当。

图5-31　F1赛车手强壮颈部

6. 影响F1赛车关键技术

F1赛车（图5-32）看似小巧，但为了能够在比赛过程中突出重围取得优异成绩，在技术规格要求的范围内，各个车队在赛车安全、动力、材料等方面，都会配备普通汽车难以企及的技术，下面从发动机、车身和轮胎三方面对赛车技术作说明。

（1）发动机　发动机是F1赛车取胜的关键因素，一辆赛车发动机大约由6 000个零件组成，造价13多万美元，而且每一场比赛用过之后就必须更换。F1赛车走过了多年的历程，变化最大的也是发动机的技术。在20世纪50年代，F1赛车曾采用过增压发动机，

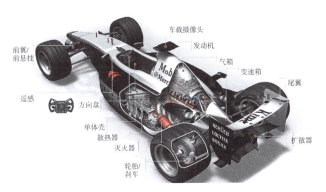

图5-32　F1赛车结构

20世纪70年代，福特公司生产的自然吸气式发动机称霸一时，共获得了55次世界冠军。1977—1989年，流行废气涡轮增压发动机，其输出功率为自然吸气式发动机的两倍，最高输出功率可达880 kW，赛车在直道上的速度可达350 km/h以上，弯道速度可达280 km/h。出于安全的考虑，从1989年起，FIA规定禁止使用废气涡轮增压器，一律使用排量不大于3.5 L（1995年又限定为3.0 L）、气缸数不超过12个的自然吸气式发动机。从2014年开始，国际汽联规定F1赛车发动机的排量上限为1.6 L，转速上限为15 000 r/min。2014年雷诺发布的1.6升V6单涡轮增压发动机（图5-33）为F1赛车专用。2018年F1引擎供应商有法拉利、雷诺、奔驰、本田。

图5-33　2014款雷诺F1专用发动机

（2）F1赛车车身　F1赛车连人带车及燃料总重不得低于600 kg，0-100 km/h加速时间为2.3 s，由0 km/h加速到200 km/h再减速到0 km/h，所需的时间也只有12 s。这么轻的车子要在这么高的速度下奔驰，要求F1赛车车身应该具有特殊的形状。F1赛车车身酷似火箭倒放于四个轮子之上，发动机位于中后部。它的外形是综合考虑减小车身迎风面积和增加与地面附着力，以及赛车运动规则而成形的。赛车疾驶时，迎面会遇到极大的空气阻力，为了减小空气阻力，赛车外形要尽可能呈流线形，以获得较小的迎风面积。通过减小迎风面积并采用扰流装置，借以减小空气阻力，提高速度。另外，当赛车高速前进时会产生向上的升力，使车轮与地面之间的附着力减小，导致赛车"发飘"，影响加速和制动，在赛车尾部安装后翼板后，可以增加向下的压力，使赛车行驶时的附着力增大。F1赛车的车身形状（图5-34）是根据技术要求设计而成。

（3）F1赛车轮胎　轮胎也是赛车的关键技术，为了充分发挥发动机的动力，轮胎制作得相当宽大，用以增加与地面的接触面积。根据天气的不同，赛车选用不同的轮胎。在无雨时选用干地轮胎，这种轮胎表面光滑，无任何花纹，以利于与地面良好贴合；在湿滑条件下则要选用湿地轮胎，这种轮胎具有明显的花纹，以利于排出轮胎与地面之间的积水，保持必要的附着力。比赛中的高速行驶及频繁的强力转

向和紧急制动使轮胎磨损极快，经常需要在中途更换轮胎。赛车轮胎只有一个紧固螺栓，便于迅速拆装，但即便如此，每一次进站换胎，都需要整个技师团队熟练配合完成（图5-35），完成一次换胎只需要几秒的时间。

图 5-34　F1赛车车身形状

图 5-35　F1赛车团队更换轮胎

三、汽车运动的魅力

在赛车场，那些五彩缤纷的赛车，随着一声令下，竞相出发，开足马力冲向前方。车手们你追我赶的争先表演，赛车如万马奔腾、一泻而过得精彩场面非常壮观，这对数万现场观众以及数以亿计的电视观众来说极富刺激。

1. 有助于改善汽车的性能

汽车赛有助于改善汽车的性能，尤其是它的动力性。汽车诞生百余年来，汽车技术得以不断发展的原因，在很大程度上是得益于各式各样车赛所作的大量实验。赛车场是汽车技术的试验场。汽车赛可以作为汽车新构造、新材料实验等的最重要的手段。在比赛中获得的赛车往往就是制造厂日后生产新车型的参考样本。20世纪50年代，当日本汽车厂家决定加快汽车生产步伐时，首先选中的"基地"就是赛车场。20世纪60年代，他们又将自己的赛车驶向国际赛场。向车坛霸主欧、美赛车宣战，在屡败屡战中吸收了对手的优点，找到了自己的不足，通过改进，他们不仅在赛车场获得了一席之地，而且为日本汽车工业的全面崛起奠定了坚实的基础。

2. 强化道路试验

汽车赛实质上是一种强化的道路实验。它能使汽车所有零部件都处于最大应力状态下工作，将正常使用条件下几年之后出现的问题在短短的几个小时之内就能暴露出来，节省了大量的时间。

3. 动态车展

汽车赛可喻为动态车展。一级方程式汽车比赛每年举行十多场，分赛场遍布全世界。在汽车大赛中推出的每一部新赛车，几乎都代表着一家汽车公司甚至一个国家在汽车方面的最新技术水平。不仅如此，赛车还体现了普通汽车发展的方向。比较当代新型轿车与20世纪30年代的赛车设计，不难发现它们之间有一些共同点，如较高的发动机转速、较大的压缩比、较小的汽车质量和流线型的车身等。从某种意义来说，赛车是汽车发展的先驱。最能代表赛车技术的一级方程式赛车，主要出自德国保时捷汽车公司、意大利法拉利汽车公司、美国福特汽车公司和日本本田等汽车公司。

4. 最佳广告

汽车赛是生动的广告。组织得好的汽车赛，尤其是国际性高水平大赛能够吸引成千上万的观众（每年一级方程式大赛能够吸引300多万现场观众和15亿多电视观众）。比赛中赛车和车队是汽车制造商和赞助商的最佳广告宣传载体，可以促进产品销售，为企业带来巨大的经济利益。正因为如此，许多车队才高薪争聘优秀的车手，大的公司才慷慨解囊赞助大型车赛，各种方式的广告无孔不入，从赛车手的头盔及服装武装到赛车（图5-36），一直延伸至赛场。

图 5-36　赛车与广告

5. 促进汽车大众化

汽车赛促进了汽车大众化，除职业性比赛外，世界各地的汽车爱好者们还自行组织进行一些小型的汽车比赛，这对汽车工业的发展有着另外一层意义。许多地方性的汽车俱乐部，联系着千千万万汽车运动爱好者，其广泛性和群众性是汽车大赛所无法比拟的，地方汽车俱乐部组织的汽车赛吸引大量参赛者和现场观众，通过比赛掀起了汽车热，把众多的人吸引到汽车上，传播汽车技术，扩大了汽车爱好者队伍，培育了潜在的汽车制造、使用、维修方面的人才和汽车市场。汽车赛使许多人成为汽车迷。

6. 集人和车为一体的综合较量

影响赛车三要素：赛车、赛手和团队合作。汽车赛是集人与车为一体的综合较量。与通常的体育运动相比，汽车运动不仅是车手个人技艺、意志和胆量的竞争，而且是汽车设计，产品质量的角逐。这种独具特色的双重性运动，更能体现人类精英与高新科技最完美的结合，体现人类对自然的征服能力。

一、车坛明星

1. 胡安·曼纽艾尔·方吉奥

胡安·曼纽艾尔·方吉奥（1911—1995年）从20世纪30年代到50年代一直活跃在赛车场上的一名伟大赛车手，获得五次世界一级方程式汽车赛年度总冠军，他是世界赛车史上一位传奇人物（图5-37）。

1911年方吉奥出生于阿根廷一个工厂主家庭，1934年进入赛车界。1950年，他代表阿尔发·罗米欧车队夺得世界一级方程式汽车赛年度总成绩第二名。1951年，他还是驾驶阿尔发·罗米欧赛车，获得了世界一级方程式汽车赛年度总冠军。1954年，奔驰汽车公司决心参加一级方程式汽车赛，为取得好成绩，奔驰汽车公司请到了方吉奥。1954年与1955年两年方吉奥驾驶着奔驰W196赛车夺得两个一级方程式汽车赛年度总冠军。1956年转入法拉利车队，并驾驶着新型法拉利赛车第四次夺取一级方程式汽车赛年度总冠军。1957年方吉奥离开拉利车队，以个人身份驾驶一辆玛沙拉蒂赛车参赛。

图5-37　胡安·曼纽艾尔·方吉奥

在这一年的一级方程式汽车赛上，46岁高龄的方吉奥写下了他在赛车生涯中最辉煌的一页，于1957年8月4日在德国纽柏林赛场内，在世界难度最大和最危险的赛车道上九次打破世界车赛单圈速度记录，又夺得他的第五次世界一级方程式汽车赛的年度总冠军。但遗憾的是在这次比赛中，因赛车座椅架折断，导致他膝部受伤，致使在翌年退出赛车运动。

2. 阿兰·普罗斯特

阿兰·普罗斯特（1955年—，图5-38）共夺得四次世界一级方程式汽车赛年度总冠军。

普罗斯特1955年出生于法国的圣日耳曼，早年以卡丁车赛起家。1980年加盟麦克拉伦车队，开始了一级方程式汽车赛的历程。第二年他转入雷诺车队，并于同一年夺得了一级方程式汽车赛分站冠军。他在雷诺车队效力三年，成绩不断提高。1985年，他如愿以偿成为法国第一个世界一级方程式汽车赛年度总冠军。接着他在1986年和1989年两度获得了一级方程式汽车赛年度总冠军。1993年加盟威廉姆斯车队，第四次获得了一级汽车方程式汽车赛年度总冠军。

图5-38　阿兰·普罗斯特

3. 艾尔顿·塞纳

艾尔顿·塞纳（1960—1994年，图5-39）被公认为是赛车史上最具有天赋的车手之一。

塞纳于1960年3月21日出生在巴西圣保罗市一个富裕家庭，13岁就参加了卡丁车比赛。1984年，他加盟勒马车队（即目前的贝纳通车队），于1985年转入莲花车队。

1985年4月21日，葡萄牙埃斯托利赛车道因连日的大雨变得异常难行，普罗斯特、毕奇等车手退出比赛，然而塞纳驾驶赛车冒雨比赛，以绝对优势获得了一级方程式汽车赛分站赛冠军。因此，塞纳有"雨中塞纳"之称。

1988年，塞纳加盟麦克拉伦车队，并于同一年战胜队友普罗斯特夺得了一级方程式汽车赛年度总冠军，接着他又连夺1990年和1991年两次一级方程式汽车赛年度总冠军，成为第七位头顶"三顶王冠"的车手。

1994年，塞纳转入了威廉姆斯车队，决心四次夺冠。但是在意大利举行的利伊莫拉圣马力诺分站比赛中，塞纳驾驶的速度300km/h的FW16突然间脱离了既定轨道，一声沉重的巨响中撞击在混凝土护墙上支离瓦解，他不幸遇难。

图 5-39　艾尔顿·塞纳

4. 迈克尔·舒马赫

迈克尔·舒马赫（1969—，图 5-40），德国人，共夺得七次世界一级方程式汽车赛年度总冠军。

1984年德国少年卡丁车冠军，1987年德国青年卡丁车冠军，欧洲卡丁赛亚军，欧洲卡丁车决赛冠军，1990年德国F3锦标赛冠军，1991年初次亮相F1赛场，并分别代表乔丹及贝纳通车队出赛。1994年击败希尔夺得世界冠军，1995年代表贝纳通车队再次夺得世界冠军，2000年为法拉利车队获得21年来首个车手总冠军，同时也赢得了车队总冠军。2001年提前4站夺得车手总冠军， 2002年度舒马赫的表演更是让人叹为观止，拿下第5次F1车手总冠军，2003年在前几站发挥不理想的情况下，随着F2003-GA的推出，舒马赫再

图 5-40　迈克尔·舒马赫

次证明了他才是当今的车神，成功第6次赢得车手总冠军，2004年继续代表法拉利出赛，毫无悬念地第7次夺得世界冠军。2006年迈克尔·舒马赫宣布退役，但于2010年初宣布复出，加盟前身为布朗车队的梅赛德斯车队。2012年10月4日，舒马赫在铃鹿再次宣布退役。2013年12月29日，舒马赫在法国阿尔卑斯山区滑雪时发生事故，头部撞到岩石，严重受创。2018年12月，在遭遇滑雪事故五年后，车王舒马赫从昏迷中苏醒。

二、F1与电影

一级方程式赛车的精彩与刺激不仅仅出现于赛场，很多电影也将F1比赛搬上荧幕。

1. 永远的车神

《永远的车神》主题围绕着F1赛车手埃尔顿·赛纳展开，不仅记录了他在赛场内外所取得的物质和精神方面的成绩和胜利，还有对完美主义永无止境的寻找和追求，以及所达到的一个有如童话般具有梦幻色彩的无人能及的地位。该片收录的是赛纳作为一名赛车手所度过的那段日子，以10年为一个跨度，从1984年开始，到1994年结束。

2. 极速风流

《极速风流》根据真实人物和事件改编，讲述了奥地利赛车手尼基·劳达和英国赛车手詹姆斯·亨特在20世纪70年代的赛道上相互竞争的故事。一直以来，尼基和詹姆斯都是针锋相对的死对头。尼基认真严肃，对赛车的职业十分尊重，詹姆斯喜欢铤而走险，将赛车作为自己寻花问柳的筹码，虽然两人有着截然不同的个性，但他们之间的较量却从未停止过。

3. 极速一生

20世纪五六十年代被誉为一级方程式大奖赛的黄金时期，电影《极速一生》记录了众多来自黄金时代的赛车手的生活（包括两位主人公原型尼基·劳达与詹姆斯·亨特），也聚集了围绕在他们身边的赛事组织者、车队老板、他们的家人与女友以及受到其精神激励的后辈赛车手们的视角，向人们展现了这项用生命竞速的极限运动的激情与魅力。

项目五　汽车观赏

任务实训

请制定一份前往上海观看F1方程式汽车赛的出行攻略及观赛指南。

项目测评

一、填空题

1. FIA 指的是_____。
2. 汽车运动主要有_____、_____、_____、_____、汽车山地赛和卡丁车赛。
3. 被称为"车坛马拉松"的比赛是_____。
4. 世界行程最长的汽车拉力赛是_____。
5. FIA 规则规定：每场比赛均分为_____和_____两个过程。
6. 参加F1比赛的选手，必须持有"_____"。
7. _____，F1方程式汽车大赛在我国上海首次登陆。

二、填表题

1. 请完成表格中所示一级方程式汽车赛旗的含义。

旗帜	含义
红旗	
绿旗	
黑旗	
方格旗	

2. 请完成表格中信息

国际车展					
第一届时间					
间隔时间					
国内车展					
第一届时间					
间隔时间					

三、讨论题

1. 请选择一个你喜欢的汽车展览，介绍最新车展的信息及你感兴趣的展出车型。
2. 如果你准备前往上海观看F1方程式汽车赛，为了能更好地看懂比赛、欣赏比赛，说一说你需要了解哪些知识？

项目六　汽车与社会

项目导入

汽车与社会有着密切的关系，是社会文化的重要组成部分。在汽车工业高速发展的时期，很多国家出现了因汽车而繁荣起来的城市——美国底特律、日本丰田、意大利都灵、法国比扬古……这些城市单一的经济结构决定了他们生活的好坏和汽车产业息息相关。

任务一　研讨汽车工业对社会发展的影响

任务书

知识目标：
1. 了解国民经济与汽车工业的关系。
2. 了解与汽车相关的职业或岗位。

能力目标：
根据自己的专业特点及个人爱好，制定一份与自己专业相关的职业规划。

思政目标：
1. 理解"中国制造2025"的战略意义。
2. 培养学生以人为本的态度。
3. 树立学生科学的就业观。

建议参考学时：2学时。

任务描述

小明毕业于某汽车专业院校，在某汽车4S店工作一年，从小喜欢汽车的他想开一家自己的汽车维修店铺，他应该如何进行员工岗位定制呢？

任务实施

环节	对应项目	具体程序
1	准备工作	场地准备：相应数量的课桌椅，多媒体设备等 资料准备：教材、搜集的相关资料
2	前提条件	（1）每组设一名组长，由组长负责组织 （2）了解当下汽车维修保养模式以及岗位分配
3	操作过程	（1）每组派代表展示现有4S岗位分配图 （2）每组拟制一份汽车岗位分配图 （3）每组派代表根据拟制的岗位分配图讲解未来汽车维修保养岗位及岗位职责
4	后续工作	各小组互相交流、评价

知识链接

一、汽车工业对社会发展的影响

汽车工业是在许多相关联的工业和有关技术的基础上发展起来的综合性行业。汽车工业发源于欧洲，首先出现的是蒸汽机汽车，到19世纪末叶，才出现了内燃机汽车。但现代汽车工业的形成，则始自美国，随着汽车技术的不断进步，它已经延伸至社会生产生活的方方面面，对社会发展起到重要作用。

1. 引起生产管理的变革

20世纪20年代，福特和通用汽车公司创造了规模生产方式和多样化生产，第二次世界大战后，日本丰田汽车公司首创了"精益生产方式"。这几项工业管理变革，改变了所有工业中的一切形态，包括生产组织和管理组织。敏捷生产管理方式的推进，进一步导致汽车产业价值链的变革。

精益生产方式，指以顾客需求为拉动，以消灭浪费和快速反应为核心，使企业以最少的投入获取最佳的运作效益和提高对市场的反应速度。其核心就是精简，通过减少和消除产品开发设计、生产、管理和服务中一切不产生价值的活动（即浪费），缩短对客户的反应周期，快速实现客户价值增值和企业内部增值，增加企业资金回报率和企业利润率。

随着自动化生产技术的发展（图6-1），汽车已经实现自动化机器人流水线生产，在提高汽车生产效率、降低成本的同时，又大大提高汽车的质量、可靠性。

图6-1 汽车自动化生产线

2. 形成公路网

为发展汽车运输业，世界各国都加速开发公路网络。二次世界大战后高速公路更是迅速发展，逐步成为以高速公路为骨干的城市交通，为促进地区工业发展起到难以估量的作用。我们国家在经济不发达的年代，甚至常常看到"要致富先修路"的宣传口号，这里的路当然指的是公路，可见汽车、公路在社会经济发展中的重要作用。港珠澳大桥（图6-2）是中国境内一座连接香港、珠海和澳门的桥隧工程，位于中国广东省伶仃洋区域内，为珠江三角洲地区环线高速公路南环段。港珠澳大桥于2009年12月15日动工建设，于2018年10月24日上午9时开通运营，将促进人流、物流、资金流、技术流等创新要素的高效流动和配置，推动粤港澳大湾区打造成国际高水平湾区和世界级城市群。

图6-2 港珠澳大桥

3. 加快了城市化进程

汽车效应促使城市化及组团式城市群的形成。城市群有利于城市空间放大，而城市空间放大有利于

笔记

汽车使用环境的改善,导致汽车流通速度加大,有利于进一步促进汽车消费。城镇居民收入稳步增长,成为汽车市场消费的主体。

4. 开拓了汽车服务贸易市场

汽车工业每个环节,从市场、研发、采购、生产、销售、服务直至后勤都超出了国家范围,由此而产生的贸易、法律、环保及产业经济影响远远超过了汽车工业本身。同时,与汽车产业发展密切相关的汽车服务贸易和后市场迅速发展,形成成熟的二手车置换、保险、信贷、维修保养、租赁、物流、贸易和回收利用等业务。我国通过海运销往世界各地的汽车正在装船(图6-3)。

图6-3 汽车贸易

5. 延伸系列新生事物

汽车普及为人类社会生活创造了许多新生事物,例如汽车艺术、汽车广告、汽车模特、汽车展览、汽车赛事、汽车旅游、汽车旅馆、卫星城市、乡间别墅等已经渗透到人们的日常生活中,改变人们的生活方式和观念,进而改变城市结构、乡村结构和就业结构,改变人们的区域概念、住地选择、消费结构、商业模式、生活方式和休闲方式,改变人们的社会关系、沟通方式、生活节奏、知识结构以及文化习俗。汽车创造了崭新的生活内容,整个社会因此而发生巨大变化。现如今房车旅行日渐成为家庭旅游的新时尚(图6-4)。

图6-4 房车旅行

二、汽车业中的主要行业

汽车业(图6-5)按照其产业特点分为汽车前市场和汽车后市场两部分,前者是指汽车制造业,包含汽车出售前的设计、研发、生产、组装、拼合等一系列制造过程;后者则是指汽车服务业,包括汽车流通、销售、汽车维修保养等售后服务。

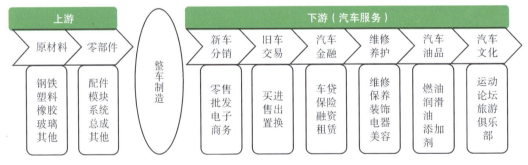
图6-5 汽车上下游行业

1. 汽车制造业

汽车制造业就是指在汽车技术研究、开发、设计、生产等方面的生产加工活动。就是把各种原材料按照一定的设计要求,利用现代化的加工设备,生产出具有某种特定功能,具有使用价值的汽车整车产品或汽车零配件产品的生产加工部门和行业。包括载重汽车制造业、客车制造业、小轿车制造业(图6-6)、微型汽车制造业、特种车辆及改装汽车制造业、汽车车身制造业、汽车零部件及配件制造业、汽车改装修理业等。

2. 汽车服务业

(1)汽车物流业 汽车物流(图6-7)是集现代运输、仓储、保管、搬运、包装、产品流通及物流信息于一体的综合性管理,是沟通原料供应商、生产厂商、批发商、零件商、物流公司及最终用户满意的桥梁,更是实现商品从生产到消费各个流通环节的有机结合。对汽车企业来说,汽车物流包括生产计划制订、采购订单下放及跟踪、物料清单维护、供应商的管理、运输管理、进出口、货物的接收、仓储管理、发料及在制品的管理和生产线的物料管理、整车的发运等。

图6-6 汽车制造流水线

图6-7 汽车物流港口利用集装箱装载

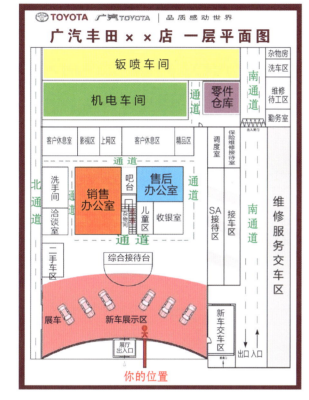

图6-8 某品牌4S店平面图

（2）汽车流通与销售业　汽车市场营销是指汽车商品从生产领域到消费领域转移过程中所采取的经营方法、策略和销售服务。

汽车分销渠道是沟通汽车生产者和消费者之间关系的桥梁和纽带。汽车分销渠道主要包括：总经销商、批发商和经销商。汽车分销渠道的起点是生产企业，终点是消费者。汽车分销渠道是汽车流通的全过程，以汽车制造厂为起点，由中间商组织汽车批发、销售、运输、储存等活动，一个环节接着一个环节，把汽车源源不断地由生产者送往消费者。通过中间商，汽车生产企业可以了解到消费者的需求状况，收集竞争对手的营销资料，发布企业新产品的信息等。

汽车分销渠道主要有品牌专营、汽车交易市场等形式。品牌专营是轿车市场的主流渠道模式，普遍按照国际通用的汽车分销标准模式建设，采用集新车销售、零配件供应、维修服务为一体"三位一体"制式，或集新车销售、零配件供应、维修服务、信息反馈与处理为一体的"四位一体"制式。每一个品牌4S店都有它自己店的平面图（图6-8），在展示各区域所在位置的同时，也充分体现出4S店的功能。

汽车交易市场是用户购买汽车产品的主要场所。汽车交易市场集中了国内外各种品牌、价格、档次的汽车，由多个代理经销商分销，形成集中的多样化交易市场，使购车人在同一地点即可比较、选择各种品牌的车辆。随着人们生活水平的提高，汽车早已经走进千家万户，新旧更替、技术更新、设计变化、需求升级等不同因素，孕育着二手车交易市场（图6-9）发展壮大，也成为汽车交易市场不可忽视的力量。

（3）汽车技术服务业　汽车生产与销售是一次性的，但汽车维修保养却是多次性的，汽车维修保养越来越受人们的重视，各类汽车服务业也应运而生。

汽车技术服务业主要包括一般汽车维修企业、品牌4S汽车服务站、汽车养护中心和其他专业维护店等。一般汽车维修企业是能对各类汽车进行维护和修理的企业。品牌4S汽车服务站只对某一单一厂家汽车进行服务。汽车服务中心是以汽车美容、汽车装饰、汽车保养和音响改装、外观与动力改装、洗车为主的专业服务公司。

图6-9 某二手车交易市场

三、我们可从事的汽车职业

由于汽车业产业链较长，除各相关产业需要大量第一线设计、制造人员外，汽车后期服务，如销售、维修、配件、停车、保险、交通管理等更需要大量人员投入，由此汽车业为社会提供了大量的就业机会。

根据《中华人民共和国职业分类大典（2015年增补本）》，参照《国家职业分类标准》和国家新增职业名称，通过对汽车业职业特点的分析和研究，将汽车职业道路分为四条，即汽车制造、汽车流通、汽车服务和汽车维修，每条道路中均包括若干个职业岗位。

1. 汽车制造业人员

汽车制造业人员是指从事汽车零件、汽车整车的研制、试验、开发、设计、制造和装配的专业技术人员和生产人员。主要包括汽车研发人员、汽车设计工程人员、汽车制造企业管理人员、汽车零部件生产人员、整车生产人员。高等职业技术学校学生进入汽车制造业主要会成为汽车零部件生产人员和整车生产人员，我们着重了解这两类人员。

（1）汽车零部件生产人员　主要包括汽车铸造生产线工、汽车模型工、汽车冲压生产线工、汽车机加工生产线工、汽车生产线调试工、汽车试验工、汽车饰件制造工、汽车生产部件装配工。

从事的工作主要包括：操作铸造设备，使用工具进行金属熔化和铸造成型加工，模型制作，操作冲压设备，进行工件变形及分离加工与处理，操作设备完成汽车机加工生产，汽车生产试验调试，汽车饰件制造，汽车生产部件装配。

（2）整车生产人员　是指使用机械设备和装配工具，进行汽车组合装配与调试的人员。整车生产人员包括汽车装配工、汽车检验工和汽车改装人员。

从事的工作主要包括：安装调整工艺装备，吊运装卸工具，使用手工、气动工具，对驾驶室、客车车厢内部进行装备装饰与调整，对汽车发动机总成进行安装、调试与检验，对汽车电机进行安装、调整与检验，对汽车前后桥进行装配、调试与检验，对汽车空调机进行安装、调试与检验，对汽车仪表、感应器、报警器及电气系统进行安装、调试与检验，在汽车装配线上，进行汽车总成及分总成安装、调试与检验，对汽车整车进行调试与检验。

2. 汽车技术服务人员

汽车技术服务人员是指具体从事汽车销售、汽车保养、汽车维护、汽车美容和汽车装潢等汽车服务工作的人员。他们主要在一般汽车维修企业、品牌4S汽车服务站、汽车养护中心和其他专业维护店等汽车技术服务业工作。

根据智联网的统计显示，国内汽车行业招聘数量一直呈现出上升趋势。近期有关汽车后市场人才需求分析表明，市场销售以57%位居第一，其次是保养修理人才21%，装饰/美容8%，培训2%，汽配8%和信贷4%。

（1）汽车维修人员　是指为恢复汽车完好技术状态或工作能力和寿命，消除故障或隐患，恢复车辆技术性能，减少运行材料消耗的作业人员。包括汽车钣金工、汽车维修喷漆工、汽车维修机工、汽车维修电工。

（2）汽车保养人员　是指对汽车恢复完好技术状况或提高工作能力，保持车辆整洁、确保行车安全、减少零件磨损，发现和消除故障、隐患，防止车辆早期损坏而进行作业的人员。

（3）汽车装饰服务人员　是指从事汽车打蜡、除渍、除臭、吸尘及车内外的清洁服务等常规美容护理的人员。

（4）汽车检测人员　是指对汽车进行质量检测（包括检测规程、动力性、经济性和可靠性检测）、安全性检测（包括外观、制动、排放、照明、发动机和底盘的检测）和故障诊断（发动机和底盘）等的作业人员。

（5）二手车鉴定评估人员　二手车鉴定评估师是中国六类资产评估职业资格之一，是从事二手车鉴定评估经营活动的人员必须通过的统一等级考试。二手车鉴定评估师考试合格者，由国家劳动和社会保障部授权的二手车评估师培训学校颁发相应等级的职业培训证书，另有全国工商联汽车经销商商会授权认证的"二手车鉴定评估师技能证书"进行补充，职业等级分为二手车评估师中级和二手车评估师高级两个等级。该证书实行统一编号等级管理和全国工商联汽车经销商商会官方网站网上查询，是相关人员求职、任职、晋升等法律上的有效证件，可记入档案。

（6）汽车改装人员　是指根据汽车车主需要，将汽车制造厂家生产的原形车进行外部造型、内部造型以及机械性能的改动，主要包括车身改装和动力改装两种。

（7）汽车回收拆装人员　是指使用专用设备或工装、工具，回收报废汽车，评估残值，并进行报废车辆无害化处理和拆解的人员。

（8）汽车驾驶员及机动车驾驶教练员　汽车驾驶员是驾驶汽车，从事客、货运输的人员。优秀的汽车驾驶员应熟知汽车的一般构造、原理，如何对车辆进行正常的维护、保养，能判断汽车的一般故障并能对车辆进行自救。

二手车鉴定评估流程

机动车驾驶教练员是使用机动车辆及辅助教学设备,为培训对象传授道路交通安全知识和安全驾驶技能的人员。

在汽车销售过程中,涉及的汽车咨询人员、汽车销售前台服务人员、汽车销售人员、汽车保险人员、汽车配件管理人员、二手车置换人员等,都属于汽车技术服务人员。

请根据自己对汽车行业的理解以及相关信息查询,制定一份未来4S店的岗位分配图。

任务二　认识世界十大汽车城

知识目标:
1. 了解世界十大汽车城市。
2. 了解世界十大汽车城的发展简史。

能力目标:
1. 能够利用网络资源搜集世界汽车城市的相关信息。
2. 能够说出世界著名汽车城。

思政目标:
1. 树立学生正确的世界观。
2. 培养学生以发展的眼光看问题。

建议参考学时:1学时。

通过本任务的学习,学生能够知道世界十大汽车城及其所在国家,了解它们的发展简史以及对当地发展的影响,通过网络资源了解我国汽车生产基地,主要以理论学习为主。

环节	对应项目	具体程序
1	准备工作	场地准备:相应数量的课桌椅,多媒体设备等 资料准备:教材、搜集的相关资料
2	前提条件	(1)每组设一名组长,由组长负责组织 (2)了解世界十大汽车城发展史
3	操作过程	(1)每组派代表介绍汽车十大汽车城的基本信息 (2)每组派代表介绍自己喜欢的汽车城的发展史
4	后续工作	各小组互相交流、评价

汽车文化

当今世界上有58个国家与地区从事汽车生产和制造。但是中国、美国、日本、德国等15个国家的汽车产量占全球总产量的90%。而除开中国,这些国家的汽车工业大多表现出明显的地域集群特征,从而形成了世界十大汽车城。下面这十个城市可以说是汽车王国的首都。

一、美国底特律

底特律(Detroit)(图6-10)建立于1815年,是美国密歇根州最大的城市,也是世界闻名的汽车城。它位于州境东南部,底特律河西岸,面积1.04万平方公里,原为印第安人住地,1796年归属美国。1899年第一座汽车制造厂建立。从1914年亨利·福特引进汽车生产线后,慢慢发展成为世界汽车中心。由于受金融危机的重创,2013年7月18日,底特律于当地时间申请破产。

图6-10　美国底特律城

二、日本丰田市

丰田市原名爱知县,位于名古屋市东方约30 km,日本著名汽车品牌丰田总部的所在地。因为丰田汽车的关系,于1959年更名为丰田市,为日本闻名于世的汽车城。它是世界上少有的因为一个汽车品牌而改名的城市,被许多人称之为"东洋底特律"。在丰田市,丰田汽车公司(图6-11)拥有10座汽车厂,生产几十个系列轻重型汽车。此外,它还有1 240家协作厂。丰田市的出口港是名古屋,作为日本的五大国际贸易港之一,汽车出口占全国30%。港口的主要进出口货物即为汽车和汽车相关的零部件,约占港口出口量的70%。

图6-11　丰田总部大楼

三、德国斯图加特

美丽的斯图加特(图6-12)位于内卡河中游河谷地带,靠近黑森林,是巴符州首府,面积207平方公里,共有5个城内区和18个城外区组成,全城人约60万人。由于其在经济、文化和行政方面的重要性,是德国最知名的城市之一。

斯图加特是一座"奔驰汽车城",著名的戴姆勒—奔驰汽车公司建于此地(图6-13)。奔驰汽车制造业是斯图加特的主体工业,在斯图加特几乎家家都有奔驰车。同时它还是保时捷公司的发源地。斯图加特每年要接待14万来自世界各地的汽车用户和汽车商及参观旅游的人。现在它已成为德国人均收入最高、失业率最低的城市之一。斯图加特由来已久的传统,孕育了这座城市"汽车摇篮"的美誉,也保持着1000多年来对于人类速度的不懈追求。也正因如此,成就了世界上最优秀的豪华汽车品牌以及跑车品牌。

图6-12　斯图加特　　　　　　　　　　图6-13　奔驰博物馆

四、意大利都灵

都灵（图6-14）是世界著名的汽车工业城。它位于意大利西北部，是皮埃蒙特大区的首府，坐落在波河的左岸，阿尔卑斯山环绕在城市的西北。全城约有30多万人从事汽车工业，每年生产的汽车占意大利总产量的75%。1899年，菲亚特公司在都灵创立，成为意大利第一个汽车公司。

图6-14 意大利都灵

五、德国沃尔夫斯堡

沃尔夫斯堡市也称狼堡，位于德国下萨克森州，总面积204平方公里，人口约13万。欧洲最大的汽车制造厂商——大众集团总部就坐落于这里。自从大众集团1934年成立以来，带动了城市的发展，1938年，该市作为德国当时现代化的汽车城（图6-15）而兴建起来，开始逐步成为德国北部的工业重镇和欧洲最大的汽车制造中心。作为汽车城，沃尔夫斯堡提供了以汽车、技术、科技和革新等为主题的精彩游览景点。其中沃尔夫斯堡汽车城（Autostadt Wolfsburg）最负盛名。

六、日本东京

东京（图6-16）是日本的首都，也是世界最大的城市之一，位于本州关东平原南端，面向东京湾，创建于1457年，古称江户。1868年明治天皇从京都迁都江户，改称东京。著名的汽车公司日产、本田、三菱、五十铃公司总部均设在此地。在东京为汽车企业服务的人员多达几十万。

图6-15 大众汽车城

图6-16 日本东京

七、法国巴黎

巴黎Paris（图6-17）是法兰西共和国的首都，是一个建都已有1400多年的历史名城，是欧洲大陆上最大的城市。巴黎位于法国北部盆地的中央，横跨塞纳河两岸，距河口（英吉利海峡）375公里。法国最大的汽车集团公司——标致·雪铁龙汽车公司（PSA）的总部设在巴黎，而汽车生产厂多设在距巴黎370公里处的弗南修·昆蒂省的雷恩市，旗下拥有标致、雪铁龙、DS、欧宝、沃克斯豪尔五大汽车品牌，及Free2Move品牌提供的车联网及出行服务。

图6-17 法国巴黎

八、英国伯明翰

伯明翰Birmingham（图6-18）是原利兰汽车（Leyland）公司所在地，位于英格兰中部亚拉巴马州，是仅次于伦敦的英国第二大城市，是拥有欧洲最年轻人口的地区，附近城市密集，并有煤、铁资源。十二世纪已为重要商业城市，十六世纪起工业开始发展。如今伯明翰是英国的汽车城，汽车工业规模很大，有"英国底特律"之称。世界各大汽车生产厂商在这里设立了公司，使它的工业产值占全国工业产值的1/5，并享有"世界工厂"之美称。

九、德国吕塞尔海姆

吕塞尔斯海姆（图6-19）是美国通用汽车公司最大的海外子公司——亚当·欧宝公司汽车公司总部所在地，位于美因河下游左岸，其工业以汽车制造为主。2000年，欧宝投资15亿欧元在欧宝原厂旁边兴建新工厂，于2002年1月7日建成投产。现代起亚的欧洲研发中心也设在了吕塞尔海姆市。

十、法国比扬古

布洛涅——比扬古，是世界著名汽车城，它属于法国巴黎西南的城市，地处塞纳河河曲的布洛涅森林之南，居民人数超过十万，是法国最富裕的市镇。世界十大汽车公司之一的雷诺汽车制造厂就设在此地。雷诺汽车制造厂创立于1898年，而今的雷诺汽车公司已被收为国有，是法国最大的国有企业。该厂以生产各型汽车为主，公司还涉足发动机、农业机械、自动化设备、机床、塑料橡胶业。

图6-18 英国伯明翰大学

图6-19 德国吕塞尔斯海姆

拓展链接

中国的汽车生产基地：

1. 十堰市

中国卡车之都，湖北省地级市，是鄂、豫、陕、渝毗邻地区唯一的区域性中心城市，鄂西生态文化旅游圈的核心城市，秦巴山区三大中心城市之一。原中国第二汽车制造厂、原东风汽车集团公司总部所在地，现东风商用车公司总部所在地。

2. 长春市

吉林省省会、副省级市、东北亚经济圈中心城市，国务院批复确定的中国东北地区中心城市之一和重要的工业基地。长春市是中国第一汽车集团总部所在地。

3. 武汉市

湖北省省会、副省级市，国务院批复确定的中国中部地区的中心城市，全国重要的工业基地、科教基地和综合交通枢纽。东风汽车集团公司总部就在此地。

4. 上海市

上海市被GaWC发布的世界城市体系权威排名评为"世界一线城市"，是中国共产党诞生地、国家历史文化名城，中国经济、金融、贸易、航运、科技创新中心。特大型企业集团、主营业务为汽车生产的上海汽车工业（集团）公司总部就设在此地。

5. 重庆市

中西部唯一的直辖市、国家中心城市、超大城市、国际大都市，长江上游地区的经济、金融、科创、航运和商贸物流中心，西部大开发重要的战略支点、"一带一路"和长江经济带重要联结点以及内陆开放高地；既以江城、雾都、桥都著称，又以山城扬名。中国长安汽车集团股份公司总部就在此地。

6. 广州市

地处中国南部、濒临南海、珠江三角洲北缘，是中国南部战区司令部驻地，国家综合性门户城市、首批沿海开放城市，是中国通往世界的南大门，粤港澳大湾区、泛珠江三角洲经济区的中心城市以及一带一路的枢纽城市。广州汽车工业集团有限公司总部就在此地。

7. 北京市

全国政治中心、文化中心、国际交往中心、科技创新中心，是世界著名古都和现代化国际城市，是中国共产党中央委员会、中华人民共和国中央人民政府和全国人民代表大会常务委员会的办公所在地。北京汽车集团有限公司总部所在地。

8. 柳州市

广西第一大工业城市，是全国唯一拥有一汽、东风、上汽和重汽等四大汽车集团整车生产企业的城市，中国内陆通向东盟的重要通道，与东盟双向往来产品加工贸易基地和物流中转基地城市，西南出海大通道集散枢纽城市，"一带一路"有机衔接门户的重要节点和西部大开发战略中西江经济带的龙头城市和核心城市。柳州五菱汽车有限责任公司总部所在地。成立于1996年的柳州五菱汽车有限责任公司是广西区政府授权经营的大型国有独资企业，主营业务为生产和销售微型汽车零部件、发动机和专用车，2015年5月8日，重新组建，更名为广西汽车集团有限公司。

项目测评

一、请按要求完成表格内容。

世界汽车城	所在汽车公司	中国汽车生产基地	所在汽车公司

二、综合题

1. 请谈谈自己关于汽车工业对社会发展的影响的理解。
2. 请选择一个你喜欢的汽车岗位，谈谈自己的看法。
3. 介绍一个中国汽车生产基地的基本情况。
4. 选择一个你喜欢的汽车城，简单介绍其兴衰史，并分析其原因。

项目七 汽车的未来发展

项目导入

汽车已经有一百多年历史了，目前它的动力源主要是内燃机，但是效率低、能源紧张、污染大这些问题已经日益突出。随着人类生活水平的提高和科学技术的高速发展，人们对当今汽车的功能、性能、款式等方面的要求也越来越高。在美国，汽车突破了奔跑的极限，飞翔在天上；在欧洲，汽车摆脱了机械的束缚，回归于自然。那么，在中国，未来的汽车又将会是怎样的呢？

任务一　关注汽车公害

知识目标：
1. 了解汽车会带来哪些公害。
2. 了解汽车对交通的巨大影响。
3. 了解汽车对环境的影响。

能力目标：
1. 能够分析汽车带来的公害。
2. 能掌握减少汽车对交通的不良影响的方法。
3. 能掌握减少汽车对环境的污染的措施。
4. 能掌握如何环保驾驶。

思政目标：
1. 培养学生知法、守法、安全出行的意识，宣传道路交通安全法。
2. 提高学生道德素养和法制素养，增加学生社会责任感。
3. 培养学生节能环保的良好社会风尚。

建议参考学时：1学时。

不知从何时起，环保成了人们永恒的话题，很难统计每天全球的汽车尾气排放量，但是它绝对是导致环境污染的一个重要因素。也不知从何时起，中国每天死亡于交通事故的人数悄无声息地超过了100个（根据国家统计局数据，2018年死亡63 194人，日均173人）。目前，汽车引发的交通事故、石油危机、城市交通堵塞已经与汽车排放污染、汽车噪声污染、汽车电磁波干扰被共称为汽车公害。其实这些公害主

项目七 汽车的未来发展

要体现的就是汽车对交通和环境两个方面的影响,这也是我们汽车发展的道路上要解决的两大问题。

环节	对应项目	具体程序
1	准备工作	场地准备:相应数量的课桌椅,多媒体设备等 资料准备:教材、搜集的相关资料
2	前提条件	(1)每组设一名组长,由组长负责组织 (2)搜集汽车与交通关系的相关资料 (3)搜集汽车与环保关系的相关资料
3	操作过程	(1)每组派一个代表介绍本组搜索的资料 (2)制作一份以"汽车与环保"为主题的宣传单 (3)做全市汽车保有量与市交通状况的关系调查
4	后续工作	各小组互相交流、评价

一、创造安全舒适的汽车社会

(一)我们每一个人都是交通安全的主角

为预防交通事故的发生,我们要求,不仅是驾驶员,而且包括所有乘坐汽车的人、行人、摩托车或自行车骑行者等在内,汽车社会中的每一个人都要思考安全,遵守规则,做出正确的行为,比什么都重要。同时,研发高安全性汽车、建造不容易发生事故的安全的道路和设备,也非常重要。

1. 交通安全对策

(1)引发事故的三要素 交通事故是由"人、车、道路环境"(图7-1)这三个要素综合作用而发生的。更具体地考察交通事故发生的原因,可以归结为:

① 驾驶汽车的人和行人的意识和行动;
② 汽车本身的特性和结构;
③ 道路环境和自然条件等。

即便"人"把"车"开得很稳,有时也会因"车"和"道路"的原因而发生事故。因此,有必要针对这三要素,开展认真细致的工作。

(2)针对三要素分别采取措施(图7-2) 为构建安全、舒适的汽车社会,汽车行业一直致力于研究汽车本身的预防事故技术,现如今,已收到了很大成效。对于已发生的事故来说,对其进行调查和分析也有利于减少事故的发生,因此,汽车行业也积极支持该项工作的推进。

只要我们多加注意,有些事故可以预防。如:注意不要被拉门夹到手指(图7-3),后排乘坐时也别忘系安全带(图7-4)。

(3)三要素和三安全 为防患于未然,或在发生事故时尽量减少伤害,我们应采取以下措施:
① 预防安全:防止事故发生的对策;
② 碰撞时安全:减轻事故发生瞬间的伤害;
③ 碰撞后安全:事故发生后的紧急救援机制。

从这三方面出发,分别采取相应措施,是非常重要的。

(4)根据事故实际情况开展相应的交通安全活动 为使交通安全活动变得更有效,应对事故进行认真调查和分析,准确掌握事故实际情况,并根据实际情况开展相应活动。现如今,由于针对"引发事故的三要素"采取的措施奏效,交通事故死伤人数切实得到下降。这些措施包括:对人的安全教育,研发

图 7-1　引发事故的三个要素　　　　图 7-2　针对三要素采取的措施

图 7-3　注意不要被拉门夹到手指　　　图 7-4　后排乘坐时别忘系安全带

安全性很高的汽车，改善道路环境。汽车行业正在积极开办各种旨在防止事故发生的参与体验型学习班（图7-5）。

2. 道路环境相关措施

道路环境指的是路宽、视野、路面情况、交通流量以及信号灯、护栏等安全设施。同时还包括针对大雨、大雪、台风等自然灾害采取的措施。道路环境的完善和改进，是防患于未然、尽量减少事故伤害的关键所在。汽车行业在道路环境方面也开展调查分析工作（图7-6），并向相关政府部门提供各种完善和改进道路环境的建议。

图 7-5　学习如何避免车祸　　　　图 7-6　对道路环境进行调查分析

（二）制造更加安全的汽车

交通事故在大雨和大雪、台风等恶劣天气下以及视线不好的道路和急转弯处也容易发生。同时，驾驶员的技术欠缺和不注意（这些都是不应该发生的）也是酿成交通事故的原因之一。各汽车厂商正在研发高安全性汽车，以保证在任何情况下汽车都安全。

1. 防止发生事故的预防安全技术

（1）车间距自动维持驾驶技术（图7-7）　传感器检测到前车的行驶状态，调整车速或自动踩刹车，以免撞上。

（2）防抱死系统（ABS，图7-8） 迅速控制刹车状态，防止在雪天或雨天等易滑路面上打滑或打转。

（3）接近报警装置（图7-9） 发动机噪声低（安静）的汽车，在低速行驶时自动发出声音，以提醒周围车辆及行人注意。

（4）刹车助力系统（图7-10） 当感觉到危险踩刹车而力量不够时，替驾驶员增强刹车力量。

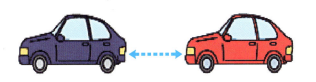

图7-7 车间距自动维持驾驶技术

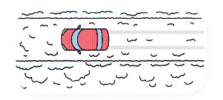

图7-8 防抱死系统

图7-9 接近报警装置

图7-10 刹车助力系统

（5）车辆周边视野信息提供装置（图7-11） 通过安装在汽车上的摄像头，将驾驶员无法直接确认的汽车周边的情况显示在车内的显示屏上。

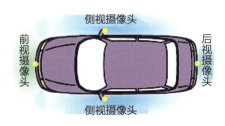

图7-11 车辆周边视野信息提供装置

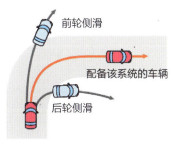

图7-12 牵引力控制系统

（6）牵引力控制系统（TCS，图7-12） 防止在易滑路面紧急加速时发生的驱动轮胎打滑现象。

2. 当发生事故时的碰撞安全技术

（1）安全带 当车辆发生碰撞时，能够有效防止车上的人因惯性作用而被甩出（图7-13）。安全带是这方面最有效的安全装置。

（2）吸收碰撞能量的车身 当车辆发生碰撞时，通过车身本身降低碰撞产生的能量（图7-14），减少对乘员的冲击。

图7-13 安全带

图7-14 吸收碰撞能量的车身

（3）高强度车厢 通过增强供人乘坐部位周围的强度（图7-15），采用不易毁坏的结构来增加安全性。

（4）安全气囊 当汽车发生碰撞时，气球状的袋子弹出（图7-16），防止乘员的脸部或胸部撞上方向盘。

（5）主动头枕 当发生后部碰撞时，头后的座椅背板有力地支撑人的头部（图7-17），减轻撞击对颈部的伤害。

（6）减轻对行人伤害的车身　当行人和汽车发生碰撞时，为减少对行人的伤害（图7-18），对保险杠和发动机盖等车身结构进行加工，以缓和撞击力量。

图7-15　高强度车厢

图7-16　安全气囊

图7-17　主动头枕

图7-18　减轻对行人伤害的车身

3. 运用电子工程技术的高级安全汽车（ASV）

如何让汽车自身做出正确的判断，从而防止交通事故，为此，汽车厂商正在积极开展研究。其中用到的电子工程技术有摄像头、扬声器、传感器等。

（1）自适应前照明系统（AFS）　当打方向盘时，根据其转动角度，改变前照灯照射角度（图7-19）。

（2）车道维持支持控制装置　当司机打盹车辆偏离车道时（图7-20），启动警报以提醒司机保持车道。

图7-19　自适应前照明系统

图7-20　车道维持支持控制装置

（3）夜视系统　当夜间视线不好时，利用特殊摄像头拍摄前方行人或道路的情况，将其图像显示在车内画面上（图7-21）。

（4）减轻碰撞伤害的刹车　当过于靠近前方车辆时，发出警报以提醒司机踩刹车（图7-22）；当司机对警报没有反应时，则自动刹车。

图7-21　夜视系统

图7-22　减轻碰撞伤害的刹车

（三）智能交通系统（ITS：Intelligent Traffic Systems）

在研发道路时，人们不仅考虑如何防止交通事故和交通拥堵，同时，还在着力研发能为汽车提供各种信息的道路。这就是被称之为ITS的智能道路交通系统。ITS使用了摄像头、传感器、互联网等电子工程学技术，将人与汽车、道路联系在一起，力求建设更加安全和舒适的汽车社会。

ITS的主题有三个。

1. 安全·放心

建设交通事故率为零的安全的道路交通社会是全球人类的共同目标（图7-23）。安全放心的ITS系统将为人们的生命财产安全提供强有力的保障。

2. 环境·效率

力求实现交通拥堵为零，并大幅削减CO_2排放量（图7-24）。

3. 舒适·便利

汽车连上互联网，可在必要的时候了解各种道路信息及旅游信息（图7-25）。

图7-23 交通事故率为零的汽车社会

图7-24 交通拥堵为零的汽车社会

图7-25 更加舒适的汽车社会

二、保护地球环境

（一）汽车对环境的影响

1. 汽车排放对人类健康的影响

汽车排放是指发动机在燃烧做功过程中产生的有害气体，包括CO（一氧化碳）、HC（碳氢化合物）、NO_x（氮氧化物）、PM（微粒，碳烟）等。它们主要通过汽车排气管排放，将近45%的HC和极小数的其他污染物质则由曲轴箱和燃油系统排放。图7-26为世界自然基金会的宣传，汽车尾气吹出7 m黑气球。

一氧化碳是燃料在发动机内燃烧不完全的产物，它与人体血红蛋白的结合力远远强于氧与血红蛋白的结合力。所以一氧化碳削弱了血红蛋白向人体组织输送氧的能力，影响神经中枢系统，严重时造成中毒死亡。

图7-26 汽车尾气吹的黑气球

碳氢化合物是燃料在发动机中燃烧不完全和燃料挥发形成的。它包括多种烃类化合物，部分烃类化合物有致癌性，进入人体后产生慢性中毒。

氮氧化物是在发动机内，空气中的氮和氧发生反应形成的多种化合物。氮氧化物可在大范围内形成多种环境、健康问题。它与空气中的水、氨及其他化合物反应，生成了含硝酸的细微颗粒物，这些颗粒物进入肺的深处，损害肺组织，引起或加重气肿和支气管炎等呼吸系统疾病，并加重心脏病人的病

PM 也是燃油燃烧时缺氧产生的一种物质，主要成分是碳烟，上面附有大量化学物质，包含致癌物质，吸入人体后会在肺部长期停留。柴油机产生的 PM 最为明显，因为柴油机采用压燃方式，柴油在高温高压下裂解更容易产生大量肉眼看得见的碳烟。

2. 汽车排放对环境的危害

汽车排放对环境的危害主要表现为温室效应、酸雨和光化学烟雾等。

（1）温室效应　温室效应（图7-27），主要是由于现代化工业社会过多燃烧煤炭、石油和天然气，这些燃料燃烧后放出大量的二氧化碳气体进入大气造成的。其中汽车尾气中的二氧化碳气体是大气中新增二氧化碳气体的主要来源之一。温室效应有下列危害：一是地球上的病虫害增加；二是海平面上升；三是气候反常，海洋风暴增多；四是土地干旱，沙漠化面积增大。

（2）酸雨　酸雨一般泛指pH值小于5.6的雨、雪或其他形式的大气降水，是大气受到污染的一种表现。形成酸雨的基本原因主要与煤炭和石油燃烧、汽车尾气排放以及工业生产等释放到大气中的二氧化硫和氮氧化物污染物有关。二氧化硫和氮氧化物污染物在大气中通过化学反应分别转化成硫酸和硝酸，混入雨水或雪水中，使其酸度增加。酸雨的危害是巨大的，会诱发出各种呼吸道疾病、破坏生态系统（图7-28），腐蚀建筑材料，因此有人将酸雨称之为"空中死神"。

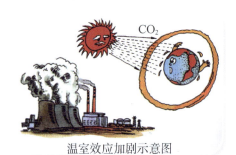
温室效应加剧示意图

图7-27　温室效应正在加剧

酸雨危害树木（挪威）

图7-28　酸雨现象

（3）光化学烟雾　大气中的烃和氮氧化合物等为一次污染物，在太阳光中紫外线照射下能发生化学反应，衍生出种种二次污染物。由一次污染物和二次污染物的混合物（气体和颗粒物）所形成的烟雾污染现象，称为光化学烟雾（图7-29）。它刺激眼睛和咽喉，严重时破坏人体呼吸系统，并对植物和橡胶物品有害。

光化学烟雾污染可以说是大气污染物中危害最严重的污染物，其对人体、植物、材料等危害程度远比酸雨大得多。

3. 汽车噪声对人体健康的危害

图7-29　光化学烟雾现象

汽车除了产生危害健康和大气环境的尾气排放外，还会产生大量噪声。有调查表明，汽车产生的噪声已经占到了城市噪声的70%。虽然噪声没有污染物，在空气中传播不会产生有害物质，但它给人们带来的危害是不容忽视的，它不仅对人们正常生活和工作造成极大干扰，影响人们交谈、思考，影响人的睡眠，使人烦躁、反应迟钝，工作效率降低，分散注意力，引起工作事故，更严重的情况是噪声可使人的听力和健康受到损害。汽车噪声不仅影响车外的人，还会增加驾驶员和乘员的疲劳，影响汽车的行驶安全。

汽车噪声的主要来源，一是汽车轮胎与地面摩擦的声音；二是汽车发动机、排气管、汽车传动系统的声音；三是汽车喇叭、风阻和刹车、减速带及承载物撞击引起的车辆振动的声音。

4. 车内污染

由于汽车制造商为追求更好的效果，更柔软的装饰面板、手感更好的贴面材料都是通过对原材料加入添加剂、有机溶剂等达到的，这些添加剂、有机溶剂含有甲醛、苯等有害物质。除新车本身散发的有害物质外，还有其他的污染源也会导致车内空气质量下降，如车用空调蒸发器长时间不进行清洗所产生的胺、烟碱等有害物质等。所有这些有害物质弥漫在车内狭小的空间里，导致车内空气质量变差，影响驾乘人员健康。

5. 报废汽车对环境的危害

报废汽车会产生废钢、蓄电池、废机油和化工产品等废物及不可分解的塑料件等，如不正确处理，将会对环境造成重大污染。目前由于和汽车报废标准、报废程序等相关的法律法规无论在制定还是执行方面都不够严格细致，报废汽车回收拆解企业不按规定回收有害物质，不仅对作业区的工人有危害，而且造成资源浪费和对环境的严重污染。

（二）减少汽车对环境污染的措施

为使人类、地球和汽车永远和平共处，我们必须致力于环境保护。

1. 政府制定相关政策法规以及加强行政管理，减少汽车排放

为了治理环境污染，各国相继对大气中各种排放污染源提出控制要求，制定强制性排放标准，以控制汽车污染物的排放量。除此之外，国家还利用税收政策鼓励提前达到国家标准的汽车生产企业。

行政管理部门应该加强行政管理：淘汰排放不合格车辆；严格执行国家质量技术标准，控制燃油标准，不合质量的燃油不能使用，市场上不准出售低劣的燃油；实行车辆分流行驶，一方面可解决交通堵塞、乘车难，另外还可使该局部区域大气环境污染程度有所减少。

2. 汽车制造企业对减少汽车污染的措施

（1）提高燃油品质　研究开发新的代用燃料，提高燃油品质。对汽油来说，主要是实现汽油无铅化和降低含硫量，目前我国国内无铅汽油的生产量已占汽油总产量的90%。汽油发动机安装尾气净化装置的必备条件之一是汽车必须使用无铅汽油。

开发新的代用燃料是目前解决汽车尾气污染的重要措施，主要有压缩天然气、氢气、液化石油气、甲醇、乙醇等，也称之为清洁燃料。这些清洁燃料的普遍特点是：燃烧完全，有害气体排放量可减少30%～90%。

（2）研究开发新的动力装置　研发电动汽车、混合动力汽车，以减少汽车对城市的污染（图7-30）。

（3）汽车轻量化和减少空气阻力　使用比铁密度小的金属材料、减少车身和零部件结构上的不合理和浪费，采取空芯结构等使汽车轻量化，它所需要的能量也就越少。汽车采用了圆形结构以减小空气阻力（图7-31）降低油耗。

图7-30　环保公共汽车

图7-31　流线型汽车

（4）改进现有汽车发动机的结构和性能　通过改进现有汽车发动机的结构和性能，减少尾气污染，主要包括两方面：一是改进汽车发动机燃烧工作过程，即机内净化；二是尾气净化，即机外净化。就是利用化学反应原理，使尾气的三个主要有害气体 CO、HC 和 NO_x 进行氧化或分解还原为二氧化碳、水及氮气。使用过滤装置，将废气中的颗粒留住不被排出。

（5）汽车零部件大量采用可回收的原材料　目前，汽车回收率已经越来越高，为进一步提高这一比率，汽车制造从设计阶段就开始考虑回收问题，采取不少措施：尽量多使用可回收材料、采用易于拆卸回收零部件的设计、为便于回收，给每种材料标上标记等。

汽车上的钢铁、有色材料零部件90%以上可以回收利用（图7-32），玻璃、塑料等回收利用率也可达50%以上，经处理后的这

图7-32　汽车零部件的回收

些零部件仍有很高的使用价值。目前欧洲报废汽车回收利用率相当高，德国汽车回收率已接近100%，法国、美国等国家报废汽车的再利用率也已达到95%。日本汽车报废回收业也相当发达，分工细致，职责明晰。

（三）环保驾驶、保护环境

我们的生活离不开汽车，汽车是生活中不可缺少的伙伴。那么，为了保护环境，我们在驾驶汽车时应注意些什么呢？

1. 轻踩油门，缓慢起步

只需比平时缓慢起步（最初5 s的速度在20 km/h左右），就能降低11%左右的油耗（图7-33）。同时，轻踩油门也有助于安全驾驶。切勿因赶时间而盲目加速，尽量提前出发，平稳驾驶。

2. 尽量减少加速和制动的次数

保持充分的车间距（图7-34），根据交通情况来进行安全驾驶。

保持充分的车间距很重要。车间距缩短，或行驶速度不稳定，将会增加加速和制动的次数，这样做的结果将使市区和郊区的油耗分别增加2%和6%左右。另外，在相同的速度下，挂高挡更省油。

我们应当根据交通情况，尽量减少速度变化，进行安全驾驶。

3. 提前松开油门

积极使用发动机制动器。使用发动机制动器，可以停止（切断）供应燃料，可节省2%左右的油耗。在知道停车位置的情况下，可以提前松开油门（图7-35），利用发动机的牵制力来减速。另外，当减速或下坡时，也可以利用发动机制动器。

图7-33　轻踩油门　　　　　图7-34　保持车距　　　　　图7-35　提前松油门

4. 少开空调，勿让车内过凉

应根据气象条件，及时调整温度和风量。尤其是夏天应注意不要将温度设定得过低。在室外温度达到25℃的情况下，若使用空调，将增加12%左右的油耗（图7-36）。

5. 避免无谓怠速

10 min的怠速（空挡、关闭空调的情况下）将浪费130 mL的燃料。因等候或卸车等原因驻车或停车时应关闭发动机（图7-37）。

6. 正确进行暖机

现在市面上销售的汽油乘用车并不需要暖机（图7-38）。除寒冷地区或特殊情况外，边行驶边暖机就足够了。暖机能够改善行驶时的油耗，但5 min的暖机要消耗160 mL左右的燃料，因此整个燃料消耗量会增加。

图7-36　少开空调　　　　　图7-37　避免无谓怠速　　　　　图7-38　正确暖机

7. 充分运用道路交通信息

出发前制定计划、做好准备，确认交通拥堵或道路障碍等信息（图 7-39）。

在 1 小时的出行当中，因迷路多跑 10 min 将会增加 14% 左右的油耗。最好利用地图或导航仪等设备，预先计划目的地和行车路线。另外，提前确认道路交通信息，避免拥堵，也能够起到节约燃料和时间的作用。

8. 及时检查轮胎气压

通过及时进行检查保养，保持正常的轮胎气压（图 7-40）。如果轮胎气压比正常水平低 50 kPa（0.5 kgf/cm^2），在市区和郊区将分别增加 2% 和 4% 的油耗。另外，从安全驾驶的角度，定期检查也是必要的。

9. 减轻车载

多载 100 kg 的物品，将增加 3% 左右的油耗。车辆的油耗与车载重量密切相关。不需要的物品，要从车上卸下来（图 7-41）。

10. 注意停车地点

为防止引起交通拥堵，避免违章停车（图 7-42）。

在有碍交通的地方停车，将引起交通拥堵，也会增加尾气排放。据说，平均车速从 40 km/h 下降到 20 km/h，将增加 31% 左右的油耗。

图 7-39 充分运用各类交通信息

图 7-40 及时检查胎压

图 7-41 减轻车载

图 7-42 避免违章停车

任务二　爱上新能源

知识目标：
1. 了解新能源汽车类型的特点。
2. 了解混合动力汽车的特点。
3. 了解新能源汽车新技术。

能力目标：
1. 能掌握新能源汽车类型的特点。
2. 能掌握混合动力汽车的特点。
3. 能掌握新能源汽车新技术。

思政目标：
1. 激发和培养学生的爱国热情。
2. 培养学生绿色、低碳、可持续发展的理念。
3. 倡导人与自然和谐共处的发展理念。

建议参考学时：2 学时。

未来的汽车将是节约能源、对环境污染极小或是零污染的绿色汽车。中国新能源汽车产业始于21世纪初，2001年，新能源汽车研究项目被列入国家"十五"期间的"863"重大科技课题，并规划了以汽油为起点，向氢动力车目标挺进的战略目标。自2013年以来，国家发改委、财政部、工信部以及科技部等各大部委陆续出台了一系列鼓励和推广新能源汽车发展的政策，包括新能源汽车购置价格上的高额补贴，以及不限行、不限号等政策优惠。

环节	对应项目	具体程序
1	准备工作	场地准备：相应数量的课桌椅，多媒体设备等 资料准备：教材、搜集的相关资料
2	前提条件	（1）每组设一名组长，由组长负责组织 （2）搜集新能源汽车的相关资料
3	操作过程	（1）观看新能源汽车结构组成视频 （2）实训车间观看实物 （3）总结新能源汽车采用的技术原理
4	后续工作	各小组互相交流、评价

一、新能源汽车定义

新能源汽车是指采用非常规的车用燃料作为动力来源（或使用常规的车用燃料、采用新型车载动力装置），综合车辆的动力控制和驱动方面的先进技术，形成的技术原理先进、具有新技术、新结构的汽车。

新能源汽车包括混合动力汽车、纯电动汽车、燃料电池电动汽车、氢发动机汽车、其他新能源（如高效储能器、二甲醚）汽车等各类别产品。

二、新能源汽车发展史

新能源汽车早在1834年就已经出现，1834年，托马斯·达文波特（Thomas Davenport）制造出了世界上第一辆以不可充电的玻璃封装蓄电池和电动机为动力的电动汽车，比世界上第一部内燃机型的汽车足足早了近半个世纪。

1881年，法国工程师古斯塔夫·特鲁夫（Gustave Trouve，图7-43）制造了世界上第一辆以可充电铅酸电池为动力的电动三轮车（图7-44），比卡尔·本茨发明现在被人们所了解的汽车早了5年，而古斯塔夫·特鲁夫本人也成了公认的"电动汽车之父"。

图7-43　古斯塔夫·特鲁夫　　图7-44　电动三轮车

1891年，美国人莫里森成功研制了第一辆四轮电动车，使电动车向实用化迈出重要一步。

1900年，德国著名汽车工程师费迪南德·保时捷制造了一辆名为"Lohner-Porsche"的两个前轮装备轮毂电机的前轮驱动双座电动汽车，该车驱动系统的效率高达83%，最高车速可达50 km/h，并在电动汽车比赛中取得了最好的成绩。1902年研制了采用发动机和轮毂电机的混合动力汽车（图7-45），取得山地汽车拉力赛的好成绩。

图7-45　混合动力汽车

1895—1905年是电动汽车发展的黄金时代，十分短暂。自从卡尔·奔驰和戈特利布·戴姆勒于1885—1886年发明了现代意义上的内燃机汽车之后，电动汽车头上的辉煌光环就开始逐渐消退。直至福特公司开始大批量生产T型车时，内燃机汽车便以其低廉的使用成本和长久的续航能力迅速普及，将电动汽车彻底打败。到20世纪30年代，电动汽车几乎消失殆尽。直至20世纪70年代初，受中东战争和石油危机以及环境问题的影响，具有节能环保特点的电动汽车又重新引起人们的关注，混合动力汽车、太阳能汽车、燃料电池汽车等新型新能源汽车才陆续被研制开发并得以生产。

三、新能源汽车类型

1. 燃气汽车

燃气汽车是以可燃性气体作为燃料的汽车。燃气成分单一、纯度较高、能与空气均匀混合并燃烧完全、微粒的排放量较低，发动机在低温时的启动和运转性能较好。这类汽车多采用双燃料系统，即一个压缩天然气或液化石油气系统和一个汽油或柴油燃烧系统，能容易地从一个系统过渡到另一个系统，主要用于城市公交汽车。

按照燃气的化学成分和形态，分为压缩天然气汽车（CNGVs，爱丽舍CNG双燃料汽车见图7-46）、液化石油气汽车（LPGVs，高尔夫bifuell-LPG汽车见图7-47）、液化天然气汽车（LNGVs）三种。

图7-46　爱丽舍cng双燃料汽车

图7-47　高尔夫bifuell—LPG汽车

2. 醇类汽车

醇类燃料汽车使用比较广泛的是甲醇和乙醇，最新的一种利用纤维素原料生产醇类的技术，其可利用的原料几乎包括了所有的农林废弃物、城市生活有机垃圾和工业有机废弃物。目前醇类汽车多使用甲醇和乙醇与汽油或柴油掺和的燃料驱动。与传统燃油车型相比，醇类燃料辛烷值高，有较高的抗爆性、挥发性好、混合气分布均匀及热效率较高，燃烧也更充分，最后会形成水与少量的二氧化碳，相比燃油车型会更加环保，汽车尾气污染可减少30%以上。

吉利帝豪系列甲醇汽车（图7-48），配备以甲醇为燃料的1.8 L自然吸气发动机，最大输出功率100 kW，峰值扭矩168 N·m。匹配5速手动变速箱，其最高车速175 km/h，燃料箱容量为53 L。

图7-48　吉利帝豪系列甲醇汽车

3. 纯电动汽车

纯电动汽车利用蓄电池作为储能动力源，通过电池向电动机提供电能，驱动电动机运转，从而推动汽车前进。电力可以从多种一次能源获得，如煤、核能、水力、风力、光、热等，所以解除了人们对石油资源日见枯竭的担心。从外形上看，纯电动汽车与我们常见的汽车没有多大差异，其区别主要在动力源及驱动系统，纯电动汽车的电动机相当于传统汽车的发动机，蓄电池相当于原来的油箱。

特斯拉纯电动汽车的上市是当今电动汽车界为数不多的成功案例之一（图7-49），特斯拉电动汽车不但外形设计大气优美、科技感十足，而且电源管理系统的设计更是无与伦比。

比亚迪e6（图7-50）为我国首款在国内上市的纯电动汽车，该车采用了速度快、成本低、寿命长和稳定性强等的磷酸锂铁电池。该车型搭载一台最大功率90kW，最大扭矩450 N·m的电机，最高车速在140 km/h，续航里程达到了300 km。

图7-49　特斯拉

图7-50　比亚迪e6

4. 燃料电池汽车

燃料电池汽车是利用氢气和空气中的氧气在催化剂的作用下（图7-51），在燃料电池中经电化学反应而产生电能（不经过燃烧），以此作为主要动力源驱动的汽车。因此从能源的利用和环境保护方面来看，燃料电池汽车是一种理想车辆，代表着清洁汽车的发展方向。燃料电池汽车使用的燃料主要包括氢气、甲醇、汽油、柴油等，国际上普遍采用的是高能源密度的液态氢。

典型的燃料电池汽车丰田的"未来（Mirai）"（图7-52），该车为4人座轿车，续航里程能达到480 km，零到百公里加速时间为10 s左右，一次加注氢燃料仅需3 min。

图7-51　燃料电池汽车

图7-52　丰田燃料电池汽车——未来Mirai

5. 氢能源汽车

氢能源汽车是在现有的发动机基础上加以改造（图7-53），从氢气（或其他辅助燃料）和空气的混合燃烧产生能量，从而获得汽车动力。氢能源汽车发动机具备无污染、低排放等优点外，也有一些缺点：氢燃料成本过高，而且氢燃料的存储和运输按照技术条件来说非常困难，因为氢分子非常小，极易透过

氢燃料电池车MIRAI的诞生

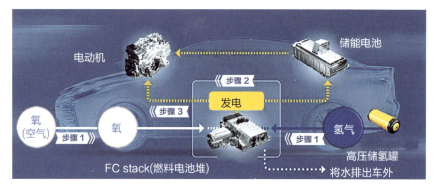
图7-53　氢能源汽车

储藏装置的外壳逃逸。另外最致命的问题，氢气的提取需要通过电解水或者利用天然气，如此一来同样需要消耗大量能源，因此氢气必须在解决降低生产成本和储存运输等难题后，才能决定氢能源汽车的发展前景。

6. 太阳能汽车

太阳能汽车是一种利用太阳能电池将太阳能直接转化为电能，再利用电动机驱动汽车的一种新能源汽车。在光照强度比较好的情况下，太阳能电池吸收的太阳能通过光能转化而来的电流可以直接或者协同蓄电池同时供电来驱动汽车电动机，或将多余的能量储存在蓄电池中以便在阳光不足的环境下利用。相比于传统热机驱动的汽车，太阳能汽车无须加注燃料，是真正意义的节能汽车，也无需向大气种排放废气，真正做到了零排放。

汉能全太阳能动力汽车直接利用太阳能发电（图7-54），颠覆传统电动汽车依赖充电桩的充电方式。采用全球最高转化率达31.6%的砷化镓薄膜太阳能芯片，根据不同用户需求定制 3.5～7.5 m² 柔性薄膜组件。充足光照 5～6 h 后，日均发电量 8～10kW·h，日均行驶约 80 km，年均行驶 20 000 km 以上，最大续航能力达 350 km。颠覆传统电动汽车"续航里程"的概念，汽车中短途"不插电无限行驶"成为可能。

图 7-54 太阳能动力汽车

7. 混合动力汽车

混合动力汽车指同时装备两种动力源——热动力源（汽油机或柴油机）和电动力源（电池与电动机）的汽车。在混合动力汽车上使用电动机，使动力系统可以按照整车的实际工况要求灵活操控，而发动机保持在综合性能最佳的区域内工作，从而降低油耗和排放。现在大部分的混合动力汽车是在传统的发动机汽车上增加蓄电池组作为电能存储装置，通过电动机将电能转化为机械能。

（1）混合动力汽车类型　目前我们通常将混合动力汽车的动力系统分为串联式混合动力结构、并联式混合动力结构和混联式混合动力结构。

① 串联式混合动力结构（SHEV，图7-55）　内燃机直接带动发电机发电，产生的电能通过控制单元传到电池，再由电池传输给电动机转化为动能，最后通过变速机构来驱动汽车。电池在发电机产生的能量和电动机需要的能量之间进行调节，从而保证车辆正常工作。这种动力系统在城市公交中应用比较多。雪佛兰蓝驱沃蓝达（图7-56），也是采用串联式混合动力结构，发动机不提供动力输出，只给发电机进行充电，由电动机驱动汽车前进。

图 7-55　串联式混合动力结构　　　图 7-56　雪佛兰蓝驱沃蓝达

② 并联式混合动力结构（PHEV，图7-57）　并联式混合动力系统有两套驱动系统：传统的内燃机系统和电动机驱动系统。两个系统既可同时协调工作，也可以单独工作以驱动汽车，在各种车型上都有应用。这种动力系统适用于多种不同的行驶工况，尤其适用于复杂的路况，该方式简单、成本低。比亚迪秦（图7-58）就是采用并联式混动，发动机和电动机可以单独驱动汽车或者并联驱动。

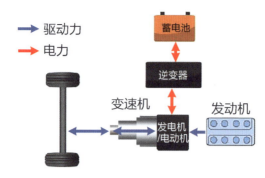

图 7-57　并联式混合动力结构

图 7-58　比亚迪秦并联式混动

③ 混联式混合动力结构（CHEV，图 7-59）　混联式混合动力系统的内燃机系统和电动机驱动系统各有一套机械变速机构，两套机构或通过齿轮系统，或采用行星轮式结构结合在一起，从而综合调节内燃机与电动机之间的转速关系。发动机还可以在与电动机共同工作时对电池组进行充电。与并联式相比，混联式可以更加灵活地根据工况来调节内燃机的功率输出和电动机的运转。混联式控制方便、系统复杂、成本高。

丰田普锐斯（图 7-60），第二代配备有功率为 57 kW，最大扭矩为 115 N·m 的 1.5 L 发动机，整备质量 1 345 kg，承载质量 1 745 kg，动力电池采用镍氢电池，其容量为 1.3 kW·h 左右，电动机的峰值功率为 30 kW。

④ 插电式混合动力汽车　插电式混合动力汽车是在混联基础上（图 7-61），可外部充电的新型混合动力汽车。其驱动原理、驱动单元与混联式机构一样，可用纯电模式行驶，电池电量耗尽后再以混合动力模式（以内燃机为主）行驶，并适时向电池充电。

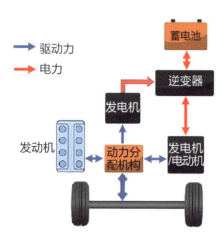

图 7-59　混联式混合动力结构

图 7-60　丰田普锐斯

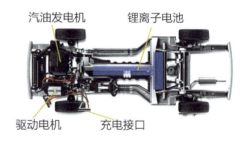

图 7-61　插电式混合动力结构

荣威 ei6（图 7-62）搭载了一套由 1.0 T 发动机、ISG 启动发电一体机、驱动电机、电池组构成的插电式混动系统，其综合最大输出功率为 167.69 kW，综合最大扭矩为 622 N·m。在这套动力总成的推动下，荣威 ei6 的官方 0～100 km/h 加速时间为 7.9 s，极速为 200 km/h。续航里程方面，新车的综合工况纯电动续航里程为 53 km，综合工况油电合计续航里程为 705 km。慢充下，电池组由 0 电量充满需耗时 3 h。

（2）混合动力汽车的优点

① 采用混合动力后可按平均需用的功率来确定内燃机的最大功率。

② 有了电池，可以方便地回收制动时、下坡时和怠速时的能量。

图 7-62　荣威 ei6 插电式混合动力汽车

③ 繁华市区，可关停内燃机，电池单独驱动，实现"零排放"。
④ 有了内燃机可以十分方便地解决耗能大的空调、取暖、除霜等纯电动汽车遇到的难题。
⑤ 可以利用现有的加油站加油，不必再投资。
⑥ 可让电池保持在良好的工作状态，不发生过充、过放的情况，延长其使用寿命，降低成本。
（3）混合动力汽车（HEV）的缺点　长距离高速行驶时基本不能省油。

拓展知识

1. 碳纤维材料

碳纤维是一种纤维状复合材料，含碳量超过90%，具有碳材料的固有本征特性，又兼备纺织纤维的柔软可加工性，是新一代增强纤维。它的强度比钢大，密度比铝小，具有极好的电学、热学和力学性能。碳纤维和碳纤维增强复合材料作为21世纪的新材料，具有强度高、质量轻、耐腐蚀等优势，多年前便应用于赛车领域，目前已开始逐步应用到民用汽车领域。特别是在新能源汽车上，有着广泛的应用前景。

由于碳纤维增强复合材料有足够的强度和刚度，是制造汽车车身（图7-63）和底盘等主要结构件的最轻材料。预计碳纤维复合材料的应用可使汽车车身、底盘减轻质量40%～60%，相当于钢结构质量的1/3～1/6。未来兰博基尼几乎所有的新车型车身都将使用碳纤维材料，大幅降低车身质量。

图7-63　碳纤维车架

图7-64　汽车事故自动报警系统

2. 汽车事故自动报警系统

汽车事故自动报警系统（图7-64）是在汽车后视镜内安装了一个与移动电话和撞车传感器相连的微型摄像机，与全球卫星自动定位系统相配合，一旦汽车失事，将自动向有关安全管理部门和医疗急救部门报警，提供汽车所在位置、事故严重程度、车载人员数、戴安全带人数和人员受伤的大致程度等信息，并保持联络，使事故人员得到及时救护，汽车事故自动报警系统将是今后汽车必备的安全系统。

3. LED 光源

LED（Light Emitting Diode），发光二极管，是一种固态的半导体器件，它可以直接把电转化为光。目前正在被越来越多的应用在车辆中，如LED远近光灯、LED尾灯、高位刹车灯、日间行车灯等。汽车LED大灯如图7-65所示。LED具有如下优点：

① 节能、成本低。
② 寿命超长。
③ 耐用性好。
④ 响应速度快。

图7-65　汽车LED大灯

⑤ 低压直流电即可驱动，负载小，干扰弱，对使用环境要求低，适应性好。

任务实训

以小组为单位去新能源实训教室拍摄总成照片，展示并讲解所拍摄的照片内容和结构功用。

汽车文化

笔记

任务三　畅想车的未来

任务书

知识目标：
1. 了解现在汽车的发展趋势。
2. 了解未来汽车的努力方向。

能力目标：
1. 能掌握现在汽车的发展趋势。
2. 能掌握未来汽车的努力方向。
3. 能够设计出展现自我个性的汽车。

思政目标：
1. 开拓学生的创新思维，发掘学生的想象力。
2. 开拓学生的视野。
3. 培养学生坚持创新、绿色、开放、共享、智能的新发展理念。

建议参考学时：1学时。

任务描述

人们总是在追求更高的生活品质，对于汽车也不例外。一旦汽车进入自动驾驶模式，就可以通过交互式控制台进行旋转，不用担心任何行车中的安全隐患，因为这种汽车的安全驾控能力远在人的驾控能力之上，它们反映更迅速，并且不知疲倦。你完全可以泡上一杯茶，毫无顾忌地欣赏电视节目，也可以方便地在自己的汽车内进行办公，对于每天在车上只能听听音乐和广播，在堵车时只能唉声叹气的车主来说，这样的汽车让路上的时间也变成了生产力。这样"智能"的汽车在技术上有哪些不同于普通车辆的地方呢？

任务实施

环节	对应项目	具体程序
1	准备工作	场地准备：相应数量的课桌椅，多媒体设备等 资料准备：教材、搜集的相关资料
2	前提条件	（1）每组设一名组长，由组长负责组织 （2）搜集未来汽车的相关资料
3	操作过程	（1）观看未来汽车的视频 （2）未来汽车的相关网页等资料的学习 （3）自行设计一款未来的汽车
4	后续工作	各小组互相交流、评价

知识链接

一、正在努力的方向

1. 会"生长"的汽车

把种子植入泥土，给它足够的阳光雨露和养料，它会生长成参天大树。把汽车的"种子"放在实验室，给它需要的材料和信息，它会"生长"成一辆车。根据DNA（遗传物质）的不同，有的"生长"成轮胎，有的"生长"成外壳。这种"生长"出来的有机材料，比金属和塑料密度小，比钢坚硬，整车重量不到 400 kg，像树叶一样利用太阳能，排出氧气。

根据上面的描述，可以想象：汽车将不在流水线上生产，而是在实验室里培育制造。这就是奔驰公司 2010 年公布的概念车 Biome（图 7-66），这辆全部由有机材料组成的概念车，或许离我们还很遥远，但是，创意的"种子"已经播下了，研究人员正在辛勤培育灌溉，我们期待它能在不远的将来发芽、生长。

图 7-66　奔驰概念车 Biome

奔驰概念车 Biome

2. 可以变形的汽车

2007 年科幻大片《变形金刚》，一辆车可以通过连续变形，眨眼变成战斗的机器人。当人们被这些特技画面深深吸引的时候，宝马汽车公司也正在设计一款可以变形的汽车。

这部名为 GINA 的概念车（图 7-67），可以根据温度、速度改变形状。当然，变形程度没有电影里的特技那样夸张，不能从汽车变成机器人，为了达到变形的效果，GINA 的外壳采用的不是传统的金属合金，而是一种弹性纤维。用纤维面料代替金属合金，这绝对是汽车设计的大革命。这种纤维面料，既富有弹性，又坚固耐用，还不会热胀冷缩，好像给汽车植了层"皮肤"。这个弹性纤维面料覆盖下的框架，不仅可以移动，还可以通过电子和液压控制来改变其形状。GINA 的前灯，平时隐藏在车内，天黑时，可以通过电动机，拉开蒙在前面的面料而展现出来，好像人睁开一这样奇异的效果。

图 7-67　宝马概念车 GINA

3. 可以变色的汽车

变色龙，它可以根据周围的环境，变换身体的颜色，既有利于隐藏自己，又有利于捕捉猎物。变色龙的这种生理变化，是在植物性神经系统的调控下，通过皮肤里的色素细胞的扩展或收缩来完成的。

丰田汽车公司最近设计的汽车就有此类神奇的功能：汽车甚至可以根据驾驶员的心情来改变颜色（图 7-68）。研究人员利用汽车方向盘上的传感器，来获取驾驶员的体温、心跳等信息，从而感知驾驶员的心情，并按照不同的心情，改变汽车的颜色：高兴时，变成黄色；愤怒时，变成红色；低落时，变成深蓝色；放松时，变成绿色。喜怒哀乐，不仅形之于色，还形之于车色。可以想象一下，当世界杯足球决赛结束后，双方的球迷驾驶着这样的汽车离场，你会看到红、黄、蓝三色夹杂的车流，而通过汽车的颜色，你就可以猜测出车主是哪一支球队的球迷。

图 7-68　丰田变色车

4. 可蓄能汽车

埃克森美孚公司曾预言：到 2040 年的时候，约有一半的车会采用混合动力技术。但是，混合动力车有一个很大的缺点：电池很重而且占用很多空间。有没有办法可以减轻电池重量和减小电池体积呢？能不能把能量存储在汽车本身的部件上，比如车门、车顶、车盖、车轮，而不是用专门的电池？

在欧洲，由九个汽车厂商组成的项目小组正在研究这种车身（图 7-69）。这种由碳纤维、聚合树脂构成的新型材料，加上纳米结构电池和超级电容器，可以使车身和车内结构部件都起到储存电力的作用，帮助汽车摆脱沉重的车载电池以及部分相关配置的束缚。目前，它已经被用在行李厢盖和备胎轮舱上，能够大幅降低汽车所需电池的大小和重量，减轻汽车总体重量，并且使车内空间最大化。

图 7-69　兰博基尼超级电容器和电能储蓄结构车身

二、畅想未来的汽车

1. 核动力汽车

自工业革命以来，人类对于能源的需求不断增加，也给自然环境带来了非常大的影响，地球上的能源是不会再生的，所以高效环保的新能源将是人类发展的必然需要，核动力汽车便在此基础上诞生了。

早在 1957 年，美国福特公司就生产了第一辆核动力汽车（图 7-70），一款核动力概念车 Nucleon。其在两个后轮之间的核反应堆为能源，能够把水变成高压蒸汽，推动涡轮叶片驱动汽车，然后蒸汽冷却之后再返回到核反应堆里进行加热，只要核燃料还没用完，它就能不断发出动力。

凯迪拉克WTF（World Thorium Fuel，图7-71）是全球第二款核动力汽车，WTF是World Thorium Fuel（钍燃料）的缩写。钍是元素周期表中的第90号元素，具有放射性，在核反应中可以转化为原子燃料铀-233。驱动这种车所需要的钍燃料极少，它的发动机几乎在100年之内不需要维护，它开启了新能源汽车开发的另一扇大门。Cadillac WTF概念车的车轮已避免使用石油以及橡胶为原料，因此将更加环保，且轮胎也只需每隔5年进行一次维护，无须增添任何辅料。

图7-70　福特核动力概念车Nucleon

2. 空气动力汽车

以压缩空气为动力的汽车称为空气动力汽车，压缩空气的来源可以是专门的充气站，也可以通过电能等其他方式自行在车上储备。在整个过程中，不需要燃烧，所以无有害气体的排放问题，不会对环境造成污染。

图7-71　凯迪拉克WTF

2012年3月法国MDI公司在瑞士日内瓦国际车展上展示了一辆空气动力汽车Airpod（图7-72）。Airpod是一辆外形酷似甲壳虫的三轮汽车，只能在城市行驶，乘坐3名成人和1名儿童。车长2.13 m，车重275 kg，整车动力全部来自车上压强为30 MPa的压缩空气罐。虽然这款车使用的是新型动力，但它却和传统燃油汽车一样使用活塞发动机，压缩空气进入发动机缸体后膨胀，进而推动活塞产生运动，所产生的"废气"也只是膨胀后的空气，只不过由于体积变大的原因，排放出的废气温度可以低至-15℃。数据显示，双缸版本（7 kW版）的AirPod最高时速可以达到80 km/h，续航里程则达到了120 km，而4 kW版最高时速为45 km。

图7-72　空气动力汽车Airpod

3. 水路两栖汽车

水陆两栖车辆是结合了车与船的双重性能，既可像汽车一样在陆地上行驶，也可以行驶到江河湖海而不受桥或船的限制，因而在交通运输上，对于解决交通堵塞问题具有重要意义。

Gibbs Technologies公司专注于两栖汽车技术的研究，并独立开发出高速两栖汽车(HSA)技术。在2011年，吉布斯公司就计划在美国推出两款两栖类车型，其中一款名为Aquada（图7-73）。Aquada两栖车外形上采用了和汽车相同形状，考虑到水上航行的需要，Aquada采用敞篷的设计，内部只有三个座位，驾驶员位于中间，两边稍靠后的位置各有一个乘客座位，这样的设计可以使重量均匀分布。

图7-73　水陆两栖汽车Aquada

Aquada没有设置车门并对汽车底盘进行了特殊处理，以体现出其独特的功能，使车辆的下半部分变成了船体。该车采用了一台129.45 kW的V6发动机，在陆地上行驶时使用后轮驱动，只要把它开到水里，吉布斯的专利悬挂系统会使车轮向内收缩，而高速喷水器会像摩托艇一样在水上推动汽车前行。

4. 无人驾驶汽车

（1）奔驰F015　设计概念视频中，一个男子喝着咖啡，望着窗外，若有所思。突然，手上的智能手表跳出了提醒界面：10 min内有一次会面。与此同时，停在院子里的自动驾驶汽车从车位上驶出，正好停在了男子身边，车门自动打开。上车后的男子简单地在前方的显示屏上进行了设置，然后坐在座位上打起了电话。当男子抵达目的地并下车后，这辆智能汽车便自动地停在空停车位中。当接到男子从智能手机发出的命令时，智能汽车便自动地驶离车位，朝着目的地开去，并接到了男子的朋友……

这是奔驰公司所描绘的自动驾驶汽车F015在未来生活中的应用（图7-74），它的设计思路是让人从驾驶中解放出来，除了简洁、圆润的前卫车身设计，还搭载了一套插电式氢动力燃料电池及两台电动机，通过手势眼球运动或触碰的方式，驾驶者可以直观地与联网中的汽车进行互动。F015的仪表板、后排及车门侧面饰板中集成了6个显示屏，Extended Sense 传感系统能360°监测四周情况。如果前方出现行人，F015会及时停下，然后为路人投射出临时的人行道。

图 7-74　奔驰 F015

（2）谷歌无人汽车　谷歌"无人驾驶汽车"（图 7-75）的领航人——塞巴斯蒂安·斯隆博士，领导开发的无人驾驶汽车已经行驶了110多万千米，飞驰过车速很高的高速公路，盘绕过地形起伏的盘山公路，穿行过车辆行人十分拥挤的旧金山市中心，无人驾驶汽车正在一步一步成为现实。

图 7-75　谷歌无人汽车

为了达到无人驾驶的目的，首先要给汽车装上"眼睛"，以便"看见"周围的环境、变换的交通灯以及来往的车辆等。如果说摄像机、雷达和激光测距仪等感应设备给了"无人驾驶汽车"敏锐的"眼睛"，那么，车载电脑、智能软件和谷歌数据中心则给了"无人驾驶汽车"智能的"大脑"。这个"大脑"将感测到的大量数据与数据中心的地图相结合，智能地做出不同的数据模型，"看懂"交通灯，识别人行道和障碍物等，并模拟人的智力对相应交通状况做出正确的反应。

"无人驾驶汽车"不仅能减少车祸发生，而且，因为有电脑的精密计算和控制，汽车间的距离可以更近，在同样宽的路上，可以行驶更多的车辆，缓解交通拥堵。

5. 城市交通：从地面走向空中

伴随着汽车技术的革新和后期发展，除去新能源领域的汽车突破定位，目前以飞行汽车为代表的未来出行模式也开始被提上了日程。

（1）陆空两用汽车　全球首款 Terrafugia 旗下的飞行汽车 Transition 已经完成最后测试（图 7-76），飞行汽车已经离我们不远。Transition 从本质上来说是一辆两座的汽车，但车身两侧加入了机翼，并且还配有螺旋桨驱动。当在陆地上行驶时，机翼是收起来的，这时车子长度为6.02 m，宽度为2.3 m，高度为1.98 m，除了比较长外，宽度和高度跟普通的SUV没有什么区别。

Transition 进入飞行模式后，机身两侧的机翼将被打开，能达到8 m。全速启动后，经过518 m的滑跑车子就可以升空，其在空中最高速度为184 km/h，巡航速度160 km/h，这款车还装有后视摄像头和新降落伞系统，以及"助推"模式，该模式可以在飞行过程中发出短暂的额外动力。该车重约590 kg，具有折叠机翼和固定的起落架，最高可以飞到约3 048 m，续航里程接近640 km，每小时消耗约19 L航空汽油。

图 7-76　飞行汽车 Transition

（2）像蜂鸟一样自由飞翔的汽车　前面介绍的飞行汽车，需要机翼和起飞时的跑道，穆勒国际的创始人保罗·穆勒博士发明的这辆"空中汽车"Skycar，另辟蹊径，可以像直升机一样垂直起降，而且没有机翼。这辆 Skycar（图 7-77）是全球第一辆可以像直升机垂直起降的民用行动载具，飞行最高时速可以达到563 km/h，如果在公路上行驶，最高时速为225 km/h，最大功率为566.33 kW，除此之外起飞仅需10 m的安全距离，并且能在1 min 内爬升1 952 m的垂直高度，与传统飞机不同的是，Skycar 的驾驶只有两具手动控制器，而且在150 m空中飞行时的噪声仅有65 dB，远低于现行所有的民航机与直升机，而且每公升的燃油，更可以行走约8.2 km的距离，比起只能在地面上行走的大型SUV更省油。

图 7-77　空中汽车 Skycar

（3）"零点计划"飞行器　飞行汽车正在飞速发展，未来的城市会不会是飞行汽车的天下，会不会所有的汽车都在天上飞？如今太空时代轻质材料的广泛应用，使得飞行器不断地轻量化、小型化。Agusta Westland 公司的"零点计划"飞行器 Project Zero（图 7-78）的机身是用强度高但质量轻的石墨制造的，以降低重量。赫克托·德·阿莫发明的"零点"直升机 Zero 只有一个座位，上班族能驾驶它越过地面交通拥堵的路段。和名字暗示的那样，这架直升机的外形结构就像一个零或者说一个圆。它的设计圆滑而且简单，它的两侧都暴露在空中，只有一个发动机给三叶旋翼和圆形尾部的螺旋桨提供动力，所以它很轻。

图 7-78　"零点计划"飞行器 Project Zero

6. 6 h 环游世界

你能否想象在 6 h 的时间内可以环游地球一圈？现在，这个梦想即将成为现实，一切都源自真空管道运输技术的发明。"当你把协和超音速客机、轨道和空气曲棍球桌联系在一起时，就产生了超级回路车(Hyperloop) 这个跨界的超级运输机器（图 7-79）。"特斯拉汽车公司联合创办人伊隆·马斯克用这个比喻来形容其设计理念。

关于高速运输系统，马斯克则有着更疯狂的想法：要研制一种超速的民用公共交通工具——"超级回路运输系统"。他建议使用一个由减压管道和加压式胶囊舱组成的、以直线感应电动机和空气压缩机为动力的高速管道运输系统。

美国科罗拉多州的 ET3 公司正在努力将这个"真空管道运输"概念变为现实（图 7-80），真空管道车的设计别具匠心：整个车辆由一节节的超轻型胶囊舱连接而成，在磁悬浮的直径为 1.5 m 的管道内运行。每个胶囊舱的直径是 1.3 m，长 4.95 m，大小和普通汽车类似，内含三排座位。其中有两排呈面对面状，胶囊舱的一侧是存放行李的地方，它和座舱是分开的。

图 7-79　Hyperloop 超级运输机器

图 7-80　真空管道运输技术

真空管道车只需选择和输入目的地就可实现操作。在双向运行的管道里，使用现成的标准空气泵能够使其内部呈永久真空状态，这种无空气阻力的环境使真空管道车在低能耗的条件下实现超高速行驶。当列车到站时，站台的气闸控制空气，使其无法进入列车的运行环境。列车使用"直线感应电动机"（LEM）进行加速，其原理就是电磁感应。提速后的车辆在真空环境里滑行，因此无须更多动力。当列车减速时，大部分能源便可再生。当真空管道车在真空条件下实现超音速运行时，坐在里边的乘客不会受到音爆的困扰。

智能网联汽车，即 ICV（全称 Intelligent Connected Vehicle，图 7-81），是指车联网与智能车的有机联合，是搭载先进的车载传感器、控制器、执行器等装置，并融合现代通信与网络技术，实现车与人、车、路、后台等智能信息交换共享，实现安全、舒适、节能、高效行驶，并最终可替代人来操作的新一代汽车。智能网联汽车都有哪些关键技术呢？

① 环境感知技术；② 无线通信技术；③ 智能互联技术；
④ 车载网络技术；⑤ 先进驾驶辅助技术；⑥ 信息融合技术；

图 7-81　智能网联汽车

⑦信息安全与隐私保护技术；⑧人机界面技术（HMI）；⑨高精度地图与定位技术；⑩异构网络融合关键技术；⑪交通大数据处理与分析关键技术；⑫交通云计算与云存储关键技术。

以小组为单位收集未来汽车相关视频，组织进行观看。

一、填空题

1. 汽车引发的_____、_____、_____已经与_____、汽车噪声污染、汽车电磁波干扰被共称为汽车公害。

2. 平均车速从 40 km/h 下降到 20 km/h，将增加_____左右的油耗。

3. 交通事故是由"_____、车、_____"等三要素综合作用而发生的。

4. 道路环境指的是_____。

5. 5min 的暖机要消耗_____左右的燃料。

6. ITS 的主题有_____、_____、_____三个。

7. 汽车排放是指发动机在燃烧做功过程中产生的有害气体，包括_____（一氧化碳）、HC（_____）、NO$_x$（_____）、_____（微粒，碳烟）等。

8. _____分钟的怠速（空挡、关闭空调的情况下）将浪费 130 mL 的燃料。

9. 新的能源主要是_____、氢气、液化石油气、_____、乙醇等，也称之为_____。

10. 汽车排放对环境的危害主要表现为_____、酸雨和_____等。

11. 多载_____的物品，将增加 3% 左右的油耗。

12. 通过改进现有汽车发动机的结构和性能，减少尾气污染，主要包括两方面：一是改进汽车发动机燃烧工作过程，即_____；二是_____，即机外净化。

13. 在 1h 的出行当中，因迷路多跑_____分钟将会增加 14% 左右的油耗。

14. 汽车噪声的主要来源，一是_____。二是汽车发动机、排气管、_____的声音。三是_____、_____、减速带及承载物撞击引起的_____的声音。

二、选择题

1. 引发事故的三要素采取的措施奏效，不包括：（　　）。
   A. 减轻对行人的伤害　　　　B. 对人的安全教育
   C. 研发安全性很高的汽车　　D. 改善道路环境

2. 不属于发生事故时的碰撞安全技术的是（　　）。
   A. 安全带　　B. 防抱死系统　　C. 安全气囊　　D. 主动头枕

3. 当打方向盘时，根据其转动角度，改变前照灯照射角度的是（　　）。

　　A. AFS　　　　B. ASV　　　　C. ITS　　　　D. ABS

4. 比平时缓慢起步（最初 5 s 的时速在 20 km 左右），就能降低（　　）左右的油耗。

　　A. 12%　　　　B. 6%　　　　C. 14%　　　　D. 11%

5. 不能保持充分的车间距将使市区和郊区的油耗分别增加 2% 和（　　）左右。

　　A. 12%　　　　B. 6%　　　　C. 14%　　　　D. 11%

6. 在室外温度达到 25℃ 的情况下，若使用空调，将增加（　　）左右的油耗。

　　A. 12%　　　　B. 6%　　　　C. 14%　　　　D. 11%

三、简答题

1. 为防患于未然或在发生事故时尽量减少伤害，应采取什么样的措施呢？

2. 防止发生事故的预防安全技术有哪些？

3. 温室效应有哪些危害？

4. 混合动力汽车类型有哪些？

四、综合拓展

1. 请收集汽车资讯，完成下表。

汽车品牌		资料途径		收集日期	
汽车型号	新能源类型	驱动形式	高压电池包容量	综合油耗	续航行驶里程

2. 请收集汽车资料，绘制出想象中的未来汽车外形，并进行讲解。

参考文献

［1］肖生发.汽车文化.2版.北京：机械工业出版社，2017.

［2］曹红兵.汽车文化.北京：机械工业出版社，2019.

［3］韩永刚.汽车文化.北京：电子工业出版社，2012.

［4］黄关山，李洪泳.汽车文化.3版.北京：人民交通出版社，2020.

［5］蔡兴旺.汽车文化.2版.北京：机械工业出版社，2020.

［6］贺萍，董铸荣.汽车文化.北京：商务印书馆，2018.

［7］张红伟.汽车文化.北京：高等教育出版社，2018.